일본시장 진출의 성공비결, 비즈니스 신뢰

KJCF (재)한일산업·기술협력재단

일본시장 진출의
성공비결,
비즈니스 신뢰
머리말

　한국기업이 글로벌시장에 진출하려면 일본시장을 제2의 내수시장으로 생각하고 개척해야 합니다. 그럼에도 불구하고 아무리 두드려도 잘 열리지 않는다는 이유로 일본시장을 쉽게 포기하는 경향이 있는 것 같습니다. "일본시장을 열면, 세계시장에서도 통한다."라는 말이 있듯이 노력하다 보면 언젠가는 반드시 뚫린다는 신념을 갖고 장기적이고 체계적으로 접근해야 할 것입니다.

　최근 일본기업들은 제품의 국제경쟁력강화를 위해 품질이 뛰어나면서도 저렴한 부품을 국가와 계열에 관계없이 안정적으로 조달할 수 있는 능력 구축에 노력하고 있습니다. 이와 같은 일본기업들의 탈계열화, 글로벌 조달, 모듈화는 한국기업이 일본기업과의 거래를 할 수 있는 좋은 기회일 수 있습니다.

일본시장으로 가는 첫 번째 관문 그것은 바로 '신뢰'입니다. "신뢰는 기업의 생명이다."라는 말처럼 일본기업과 거래를 하기 위해서는 반드시 통과해야 하는 의식인 것입니다. "일본기업들은 신뢰를 지키는 기업을 잊지 않고 도움을 주려고 노력하는 반면, 신뢰를 저버린 기업에 대해서는 아무리 거래 조건이 좋아도 다시 거래를 하지 않는다"고 합니다.

이 책에서는 일본기업들이 거래 시 중요시하는 신뢰가 무엇이고, 왜 신뢰를 중시하는 거래를 하는지, 신뢰를 쌓으려면 어떻게 해야 하는지 등에 대해 소개하고자 합니다.

끝으로 이 책의 출간을 위해 연구를 해 주신 삼성경제연구소 이우광 수석연구원의 노고에 감사드리며 독자 여러분께서도 이 책을 통해 일본기업과 신뢰를 쌓는데 다소라도 도움이 되기를 바랍니다.

한일산업기술협력재단
이사장 조석래

일본시장 진출의
성공비결,
비즈니스 신뢰
목 차

· 머리말 / 1

1장 들어가며   9

2장 일본기업들이 생각하는 신뢰의 실체   17
  1: 신뢰의 정의   18
  2: 일본기업들이 생각하는 신뢰   23
  3: Power 관계가 존재할 때 신뢰의 정의   25

3장 일본기업의 기업 간 거래와 신뢰   29
  1: 거래의 종류   30
  2: 기업 간의 거래관계 분류   35
  3: 일본기업의 기업 간 거래의 특징   36
  4: 일본적 기업 간의 거래와 신뢰   51
  5: 일본기업 간의 거래 사례 : 자동차 산업   64
  6: 일본 조립메이커와의 관계 구축의 방향성   74
  7: 일본기업 간의 신뢰 형성 과정   76

일본시장 진출의
성공비결,
비즈니스 신뢰

4장 일본기업의 거래관행 변화와 신뢰　　89
　1: 탈(脫)계열화　　90
　2: 글로벌 조달의 확대　　94
　3: 모듈화의 진전　　98

5장 현장에서 말하는 일본기업의 비즈니스 신뢰　　107

6장 신뢰를 만드는 포인트　　121
　1: '신뢰' 문제는 '대기업・중소기업 협력' 문제와
　　동전의 양면　　121
　2: 일본기업은 '관계적 신뢰'를 가장 중시　　124
　3: 일본기업은 신뢰를 바탕으로 한
　　장기・계속 거래가 일반적　　126
　4: 신뢰 거래는 조직학습을 통해 기업능력을 향상　　128
　5: 일본의 대기업・중소기업 협력 관계는
　　고도 성장기에 구축　　130
　6: 일본의 '탈계열화'와 '글로벌 조달'은
　　신뢰를 획득할 수 있는 기회　　133

・참고 문헌 / 137

표 목차

[표 1] 합리적 신뢰와 관계적 신뢰   20
[표 2] 신뢰의 분류   23
[표 3] 협조적 거래관계(일본)와 경쟁적 거래관계(구미)의 비교   35
[표 4] 기업 간의 거래관계 분류   36
[표 5] 외주기업의 대여도·승인도 업체의 상세 분류   43
[표 6] 일본적 기업 간 거래의 장단점   51
[표 7] 기본계약과 개별계약   66
[표 8] PO 및 계약서의 기재사항   68
[표 9] 일본식 거래와 구미식 거래의 공급업체 선정의 차이   73

그림 목차

[그림 1] 신뢰와 신뢰의 구성개념 간의 상관관계   25
[그림 2] 안심과 신용에 의한 신뢰의 분류   27
[그림 3] Power 관계와 의도에 대한 신뢰   28
[그림 4] 품질 개선을 위한 발주기업과 외주기업의 커뮤니케이션 채널   58
[그림 5] 네트워크의 구조특성, 신뢰, 조직간 학습   59

일본시장진출의 성공비결, 비즈니스 신뢰

들어가며

1장

일본기업들은 곧잘 '신뢰'가 중요하다는 말을 한다. "신뢰는 기업의 생명이다."라든지 "신뢰가 쌓이지 않아서 아직 거래를 할 수 없다"라는 말을 일본기업으로부터 자주 듣는다.

그렇다면 다른 나라 기업들은 거래할 때 신뢰를 그다지 중시하지 않는다는 말인가? 또 일본기업들이 생각하는 신뢰와 다른 나라 기업들이 생각하는 신뢰는 어떻게 다른가? 이에 대한 해답을 찾고자 하는 것이 본서의 목표이다. 또한 일본기업들은 거래할 때 '신뢰를 바탕으로 한 장기·계속 거래'를 하는 것이 다른 나라와는 다른 주요한 특징이라고 한다. 왜 일본기업들은 굳이 이러한 거래를 고집하는 것일까? 어떠한 거래의 장점이 있기 때문에 장기·계속 거래를 선호하는 것일까? 구체적으로 다음과 같은 궁금한 점들에 관한 해답을 얻고자 한다.

**첫째, 일본기업의 거래관행인
　　　장기·계속 거래의 원인을 분석하고자 한다.**

일본기업들의 거래는 "신뢰를 바탕으로 한 장기·계속 거래"가 일반적이며 또 거래기업 간에 네트워크를 구축하여 장기·계속 거래를 하므로 외부기업이나 외국기업이 네트워크에 참여하여 거래를 하기가 여간 어렵지 않은 것이 현실이다. 일본기업들은 거래를 개시할 때나 네트워크를 구축 할 때 가장 중시하는 요소를 '신뢰'라고 하는데, 특히 일본적인 상관행에 익숙하지 않은 외국기업으로서는 그 '신뢰'의 실체를 파악하기가 쉽지 않다. 과거 구미기업들은 「미일구조협의」(日米構造協議)[01*] 등을 통해 외국기업이 거래에 참여하기 어려운 이유로서 일본기업의 유통장벽이나 계열거래 등의 거래관행을 문제 삼았으나, 장기간에 걸쳐 형성된 민간기업 간의 거래관행이므로 정부가 나서서 이를 시정하는 것은 쉽지 않은 상황이다.

뿐만 아니라 일본의 관료나 연구자들은 일본기업의 장기·계속 거래가 오히려 경제성을 중시한 합리적 거래이며, 일본제품의 경쟁력 강화에 기여해 왔다는 주장을 펴고 있어, 일본기업의 신뢰를 바탕으로 한 장기·계속 거래는 일본기업의 기본적인 거래관행이라고 하는 것을 이해해야 할 것이다. 특히 최근 일본의 부품·소재·설비 기업들과 최종 조립메이커 간의 상호협력적인 장기·계속 거래로 생산하는 '미세 조정(스리아와세)[02*]' 제품이 국제경쟁력을 갖게 되는 배경이 장기·계속 거래에 의한 상호협력이라는 주장이 설득력을 얻으면서 일본기업의 거래 관행은 향후에도 쉽게 변하지 않을 것으로 판단된다.

**둘째, '신뢰'의 구체적인 분석을 통해
　　　대일 진출 방안을 제시하고자 한다.**

매년 대일 무역적자가 급증하고 부품·소재의 대일 의존도가 심화되고 있는 상황에서 한국 기업들의 일본시장 진출이 확대되어야 하나, 일본기업들의 장기·계속 거래관행으로 인해 일본기업들과 거래 관계를 맺는 것이 용이하지 않은 상황이다. 일본 조립메이커들에게 부품·소재를 납품할 수 있는 능력을 어느 정도 보유하고 있는 기업이나, 가격·품질 면에서 경쟁력이 있는 기업들의 일본 진출이 절실한 상황이지만, 일본기업들이 기업 간 거래 시에 중시하는 '신뢰'에 대한 실체를 파악하지 못해 일본기업과의 거래에 실패하는 경우도 적지 않다. 따라서 일본기업의 기업 간 장기·계속 거래 시에 중시하는 '신뢰'의 실체를 분석하여, 한국기업들이 일본기업과의 거래를 위한 신뢰 구축 방안을 제시하고자 한다.

셋째, 한국의 대기업·중소기업 간의 상생협력 방안도
　　　모색하고자 한다.

　나아가 일본기업의 거래의 메커니즘, 특히 최종 조립 메이커(대기업)와 부품·소재 메이커(중견·중소기업) 간의 거래 특징을 분석해 보면, 일본기업이 소재·부품 산업에서 국제적인 경쟁력을 보유하게 된 원인을 규명하는 데도 접근이 가능할 것이다. 따라서 일본기업 간의 '신뢰를 바탕으로 한 장기·계속 거래'를 규명함으로써 한국의 대기업·중소기업 간의 협력방안 또는 양자 간 협력을 활성화시키기 위한 인센티브 구조를 제시하는데 많은 시사점을 얻을 수 있을 것으로 판단된다. 더불어 한국의 부품·소재 산업을 육성하기 위한 방안으로서 일본기업과의 협력이 불가피한 이때에 일본기업과의 거래관계를 유지·발전시키기 위한 방안도 함께 모색해 보기로 한다.

　Ⅱ장에서는 일본기업이 생각하는 신뢰의 실체를 규명해 보았다. 일본기업의 기업 간 거래 시에 생각하는 '신뢰'는 구미기업들이 생각하는 그것과는 좀 다른, 일본적인 특징을 가

지고 있는데 구체적으로 어떠한 거래 관행을 신뢰라고 생각하는 지를 규명하고자 한다.

Ⅲ장에서는 일본적인 신뢰가 기업 간 거래 시에 어떠한 영향을 미치는 지를 집중적으로 분석하고자 한다. 우선 일본기업의 신뢰를 바탕으로 하는 거래 관행이 구미기업들과 달리 실제로 어떠한 거래 행태를 보이는 지를 분석하고자 한다. 또 이러한 거래 행태가 일본기업들의 기업 활동에 어떠한 영향을 미치고 결과적으로 제품생산에 어떻게 반영되는지를 분석하고자 한다. 이 부분의 내용이 본서의 핵심부분이다. 즉 일본기업들은 발주업체와 수주업체 간의 거래 시에 신뢰관계를 어떻게 구축하고 이로 인해 어떠한 효과를 얻고 있는 지를 분석하고자 한다. 기업 간 거래 시의 신뢰 구축방법과 이를 운영하는 네트워크 조직을 분석하려는 것이다. 또 이러한 분석 내용을 일본기업의 실제 사례를 통해서도 확인하고자 한다. 이 장 마지막에는 일본기업의 신뢰관계 구축의 역사적 형성과정을 규명해 보고자 한다. 시기적으로는 에도(江戸)시대[03*], 전전, 전후 고도성장기로 구분하여 신뢰형성 과정을 살펴보았다.

Ⅳ장에서는 최근 경영환경이 변화됨에 따라 일본기업들의 신뢰를 바탕으로 한 거래관행이 어떻게 변화하고 있는 지를 살펴보았다. 즉 일본기업들은 최근 들어 '탈계열화', '글로벌 아웃소싱', '모듈화' 등으로 인해 기존 거래관행의 변화가 불가피해 지고 있는데 일본기업들이 이에 어떻게 대응하고 있는 지를 알아보았다.

Ⅴ장에서는 이상에서 조사한 결과들을 일본의 연구자, 또한 한일 양국의 현장에서 활동하고 있는 비즈니스맨들의 의견을 들어보았다.

Ⅵ장에서는 연구결과에 대한 시사점을 도출하여 신뢰를 쌓기 위한 한국 기업들의 대응방안과 정부의 정책에 대한 제언을 정리하였다.

마지막으로 이하의 연구결과는 학술적인 논문이라기보다는 실제로 일본과의 비즈니스에 참고를 하기 위한 자료로서 작성되었음을 밝혀둔다. 따라서 본서에 기재된 내용의 상당 부분은 일본의 연구자들이 이미 연구해 온 결과를 인용하였음은 두 말할 필요가 없다. 일본의 연구자들이 그동안 연구해 온 결과에 대해 한국 비즈니스맨의 입장에서 재정리 한 것이라는 것을 밝히고자 한다. 특히 교토대학의 와카바야시 교수와 요코하마 국립대학의 마나베 교수의 연구 결과를 상당부분 인용하였다. 두 연구자는 일본기업의 신뢰문제에 대해 끊임없는 연구 성과를 내고 있는 정력적인 연구자들이며 실제로 인터뷰하는 과정에서 많은 인사이트와 조언을 얻을 수 있었다.

본 연구를 조성 해준 한일산업기술협력재단에 진심으로 감사드리며 향후에도 지속적인 연구가 이루어지기를 기대한다.

일본기업들이 생각하는
신뢰의 실체

2장

 이 장에서는 기업들 간에 거래를 할 때 신뢰가 무엇인지에 대해 정의하고자 한다. '신뢰'란 말은 사용하는 사람에 따라 다양하게 쓰이고 있는 것이 사실이다. 그러나 기업 간 거래에서 거래 상대를 신뢰한다는 것은 어느 정도 명확하게 정의할 수가 있다. 따라서 먼저 기업 간 거래 시의 신뢰에 대한 일반적인 정의를 내린 다음 현실적으로 파워관계가 존재하는 거래 시의 신뢰로 개념을 확장해 나가기로 한다.

1. 신뢰의 정의

최근 기업조직 간의 신뢰(Inter-organizational trust)형성이 상호 의존이나 협력을 촉진하여 제품의 경쟁력을 강화한다는 연구가 다양하게 이루어지고 있다. 1990년대 이후에는 경영학에서 뿐만 아니라 경제학, 사회학 등에서도 조직간 신뢰에 대한 학술적 연구가 성행하고 있다. 그러나 본서에서는 '조직간 신뢰' 문제를 기업 간 제품·서비스 거래 시의 '신뢰' 문제에 한정하여 살펴보기로 한다. 또한 신뢰에 대해 다양한 정의를 할 수 있으나 여기서는 일본기업의 기업 간 신뢰를 설명할 때 비교적 이해가 용이하고 또한 많은 연구자들이 인용하고 있는 요코하마 국립대학 마나베 교수의 정의에 따르기로 하며 필요에 따라 개념을 확장해 나가기로 한다.

  기업 간 거래에 있어서 '신뢰'란 "상대방이 자신에게 긍정적인 역할을 수행할 수 있을 것이라는 능력(能力)과 의도(意図)에 대한 기대"로 정의할 수 있다. 즉 상대가 자신에게 바람직한 역할을 수행할 능력과 의도가 있을 때 일반적으로 상대를 '신뢰' 한다고 할 수 있다. 여기서 의도에 대한 기대란 "상대가 자신을 배신하는 기회주의적인 행동을 취하지 않을 것" 또는 "상대가 자신에게 플러스가 되는 행동을 취할 것"이라는 기대를 말한다. 단지 능력과 의도가 같은 비중으로 중요하다는 것은 아니며 상황에 따라 능력과 의도에 대한 기대의 비중이 변화하는 것이 일반적이다.

  신뢰가 존재하는 배경이나 근거에 따라 합리적 신뢰와 관계적 신뢰로 구분 할 수 있다. 신뢰의 배경에 경제적 합리성이 강조되는 신뢰를 합리적 신뢰, 상호간의 관계성이 강조되는 신뢰를 관계적 신뢰라고 한다. 합리적 신뢰는 단기적인 경제활동에 직접적인 영향을 미치는 것이 일반적이다. 자신과 거래 상대와의 전체적인 이익보다는 주로 자신의 이익에 관계하는 것으로 일반적으로 시장에서의 평판, 제품의 품질, 과거의 거래 실적 등 비교적 객관적 사실에 근거를 두고 생성되는 신뢰를 말한다. 반면에 관계적 신뢰는 거래 상대와의 관계를 중시하고 양자의 공존공영을 목표로 할 때 생성되는 신뢰를 말한다. 자신만의 이익을 추구하는 것이 아니라 거래처를 공동운명체로서 간주하며 전체의 이익을 중요시하는 행동을 한다는 것이다.

표 1 합리적 신뢰와 관계적 신뢰

구분	배경	시야	신뢰의 근거
합리적 신뢰	경제적 합리성	단기적, 자기이익	시장, 제품, 객관적 사실
관계적 신뢰	사회적 관계성	계속적, 공존공영	관계 특수성, 주관적 판단

마나베(眞鍋 誠司), 企業間信賴の構築 : トヨタのケース, 2002에서 인용

합리적 신뢰를 의도와 능력으로 나누어 보면 공정의도에 대한 신뢰와 기본능력에 대한 신뢰로 구분할 수 있다. 공정의도란 계약내용이 공평하고 계약이나 약속을 준수할 의도가 있는지 여부를 말한다. 즉 거래상대가 자신에 대해 배신을 하는 등의 기회주의적인 행동을 취하지 않을 것이라는

기대를 말하며 결국 자신에게 플러스가 되는 행동을 취할 것으로 기대하는 것을 말한다. 기업 간 거래가 성사되기 위해서는 거래상대의 공정성 즉 공정의도에 대한 신뢰가 필요하다는 것은 당연하다. 거래상대로부터 공정성을 인정받는다 할지라도 능력에 대해 기대할 수 없으면 상대에게 전면적인 신뢰를 얻기가 어렵다는 것은 두말할 필요가 없다. 즉 거래 시에는 거래 내용을 완수할 수 있는 능력에 대한 기대가 필수조건이다.

이에 반해 관계적 신뢰는 관계성이나 정신적인 연대를 배경으로 하기 때문에 단기적으로는 비합리적인 행동을 취할 가능성이 있다. 예를 들어 단기적인 거래에서는 손해를 볼 수도 있으나 이익이 더 많은 다른 거래를 하지 않고 기존 거래처와 거래를 지속할 때 단기적으로는 불합리한 거래 행동으로 보인다.

이상을 요약하면 마나베 교수는 일본기업들이 생각하는 신뢰를 크게 합리적 신뢰와 관계적 신뢰로 구분하였다. 합리적 신뢰에는 시장에서의 평판, 제품의 품질, 과거의 거래

실적 등 기본능력에 대한 신뢰와 거래상대가 자신에 대해 배신을 하는 등의 기회주의적인 행동을 취하지 않을 것이라는 공정의도에 대한 신뢰로 구분한다. 관계적 신뢰란 거래 상대와의 관계를 중시하고 양자의 공존공영을 목표로 할 때 생성되는 신뢰를 말한다.

여기서 주의할 점은 연구자에 따라서는 공정의도에 대한 신뢰와 관계적 신뢰를 가끔 구분하지 않는 경우가 있다. 그러나 여기서는 공정의도에 대한 신뢰는 거래 시에 반드시 지켜야 할 공정성에 대한 신뢰를 말하며 관계적 신뢰는 공정성에 대한 신뢰는 물론 나아가서는 거래 기업과의 공존공영까지를 생각하는 신뢰를 말한다. 즉 공정하게 거래를 하되 주로 자신의 이익만을 생각하는 경우와 공정하면서도 거래 기업의 이익까지도 고려하여 거래를 하는 경우를 분명하게 구분하고자 하는 것이다.

표 2 신뢰의 분류

신뢰의 분류	관계성	관계적 신뢰	
		· 공존공영에 대한 기대 · 이타주의 행동에 대한 기대 · 관계지속에 대한 기대	
	합리성	합리적 신뢰	
		공정의도에 대한 신뢰 · 계약 준수의 의도 · 약속 준수의 의도 · 공평성의 의도	기본능력에 대한 신뢰 · 생산 능력 · 설계개발 능력
		의도	능력
		신뢰의 내용	

마나베(真鍋 誠司), 企業間信頼の構築 : トヨタのケース, 2002에서 인용

2. 일본기업들이 생각하는 신뢰

그렇다면 실제 거래할 때 일본기업들은 어떠한 신뢰를 가장 중요시하는 것일까? 실제 거래에 있어서는 3가지 신뢰 즉 기본능력에 대한 신뢰, 공정의도에 대한 신뢰, 관계적 신뢰를 복합적으로 고려하는 것이 일반적이다. 그러나 마나베 교수는 일본 자동차부품업체에 대한 설문(회답기업 94공장)을 통해 실제로 일본기업들이 거래 시에 어떠한 신뢰를 중시하는 지에 대해 수치적인 정도(程度)를 측정하고 실제 일본기

업들이 생각하는 신뢰에 대해 다음과 같은 결론을 내렸다.

① 일본기업들의 경우 신뢰와 관계적 신뢰와의 상관관계가 가장 높게 나타났다.(관계적 신뢰와의 상관계수 0.53, 공정의도에 대한 신뢰와의 상관계수 0.44, 기본능력에 대한 신뢰와의 상관계수 0.34)
② 따라서 일본에서 거래 시에 '신뢰'라는 말을 사용하는 경우, 관계적 신뢰를 가장 강하게 의식하고 또 이를 가장 중시할 가능성이 상당히 크다고 할 수 있다.
③ 역으로 신뢰와 기본능력에 대한 신뢰와의 상관관계가 가장 낮은 것으로 나타난 것은 일본에서는 거래상대의 설계능력이나 생산능력은 당연시 되는 필요조건(必要條件)으로 인식하고 있을 가능성이 크다.
④ 그러나 국제비교를 하지 않아 단언할 수는 없지만 일본 이외의 외국기업과의 거래에 있어서는 기본능력과 신뢰와의 상관이 보다 커질 가능성이 있다.
⑤ '신뢰'란 여러 구성요소 간에 모두 상관관계가 존재하고 있으므로 복잡한 개념으로 결국 '신뢰'라는 말이 사용되는 경우에 따라서 문맥적으로 파악할 필요가 있으

며, 동시에 3가지 요소가 갖추어져야 비로소 '신뢰'라고 할 수 있을 것이다.

그림 1 신뢰와 신뢰의 구성개념간의 상관관계

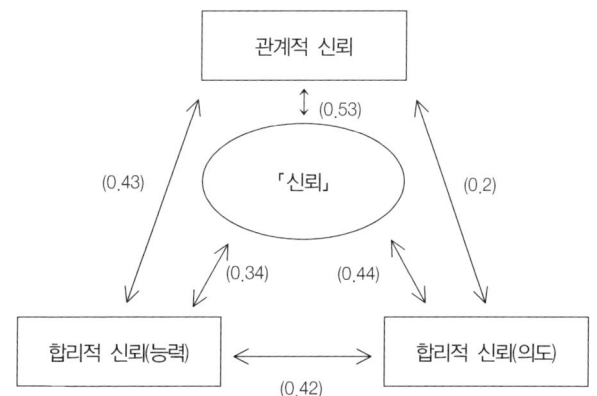

마나베(真鍋 誠司), 企業間信賴の構築 : トヨタのケース, 2002에서 인용
( )안의 수치는 상관계수

3. Power 관계가 존재할 때 신뢰의 정의

신뢰의 개념을 좀 더 확장해 보기로 한다. 지금까지는 양

자가 대등한 입장에서 거래를 하는 경우를 상정하여 신뢰 문제를 생각하였다. 그러나 실제 거래에 있어서는 거래 기업 간에 파워가 다른 것이 보다 더 현실적이다. 따라서 신뢰하는 측과 신뢰받는 측의 입장이 다른 것이 사실이다. 예를 들면 대기업 조립메이커와 중소기업 부품 납품업자 간이나, 유통주도의 현실에서 대형유통업자와 제품 납품업자 간에는 파워 관계가 존재하는 것이 일반적이다. 기업 간 거래 시 양자 간의 신뢰 문제를 '신뢰하는 측(trustor)'과 '신뢰받는 측(trustee)'으로 구분하여 생각하면 위에서 설명한 신뢰의 정의를 다음과 같이 확장할 수 있다.

신뢰하는 측은 신뢰받는 측의 동기나 변화 상황을 완전하게 알 수가 없으므로 상대가 신뢰를 악용할 가능성이 있다는 측면에 있어서 상대방을 신뢰한다는 것은 본질적으로 리스크가 따르는 행위이다. 따라서 신뢰하는 측의 입장에서는 신뢰를 "신임을 두고 있는 상대에 대해 적극적으로 신임하려는 의사(意思)"로 정의 할 수 있다. 즉 신뢰하는 측이 신뢰받는 측을 신임하거나 의존하려는 적극적인 의사가 없으면 신뢰관계는 성립되지 않는다.

또한 신뢰받는 측의 공정 의도에 대한 신뢰에는 '안심'과 '신용'이라는 개념으로 구분하여 생각할 수 있다. 신뢰받는 측이 기회주의적인 행동을 취하면 업계에서의 평판을 저하시켜 불이익을 입게 되는 사회 환경에서는 상대가 그러한 행동을 취하지 않을 것이라고 신뢰하게 되므로 이를 안심이라고 할 수 있다. 반면 거래상대의 행동 경향에 관한 지식에 의거하여 상대가 기회주의적인 행동을 취하지 않을 것이라고 판단하는 것은 신용이라고 말할 수 있다.

그림 2 안심과 신용에 의한 신뢰의 분류

시부야(渋谷 覚), 流通取引におけるパワーと信頼
:従来の信頼研究の限界と再考, research paper, 2000에서 인용

거래상대의 공정의도에 대한 신뢰를 안심과 신용으로 구분함에 따라 거래기업 간에 파워 관계가 있는 경우의 신뢰는 다음과 같이 구분하여 파악할 수 있다. 양자가 거래관계

를 맺으려고 하는 의도가 있는 것으로 보아 이미 능력에 대한 신뢰를 서로 가지고 있는 것을 전제로 한다면 파워 우위 기업(A)과 파워 열위 기업(B)의 신뢰관계는 A는 B에 대한 통제 가능성, 예측 가능성 등에 의거하여 상대방의 의도에 대해 안심을 형성하고 있으며, 한편 B는 A의 의도에 대해 신용을 하고 있다고 할 수 있다. 따라서 파워 열위에 있는 기업이 파워 우위 기업의 의도에 대해 신용을 형성하기 위해서는 ① 파워 우위 기업이 강제적으로 파워 자원을 행사하지 않을 것, 또는 ② 비강제적으로 파워를 행사할 것이라는 기대가 있어야 한다.

그림 3 Power 관계와 의도에 대한 신뢰

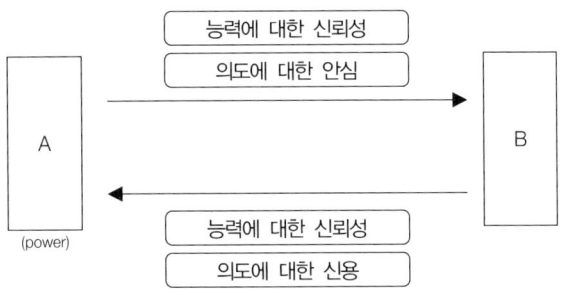

시부야(渋谷 覚), 流通取引におけるパワーと信頼
:従来の信頼研究の限界と再考, research paper, 2000에서 인용

일본기업의 기업 간 거래와 신뢰

3장

여기서는 앞장에서 정의한 신뢰의 개념을 사용하여 일본기업들의 기업 간 거래 시의 신뢰 문제를 본격적으로 다루고자 한다. 우선 일본기업의 거래 특징을 다루기 이전에 신뢰 거래가 어떤 거래인지 또 기업 간 거래관계에는 어떠한 관계가 있는지를 알아본다. 그 다음에 이장의 본론 부분인 일본기업의 거래 특징과 거래 시에 신뢰가 어떠한 작용을 하는지를 여러 가지 사례로 설명하고자 한다. 마지막에서는 일본기업의 기업 간 거래 시에 중요한 요소인 신뢰가 어떠한 역사적 과정을 통해 형성되었는지를 살펴보고자 한다.

1. 거래의 종류

일반적으로 경제적 거래에는 거래 방식에 따라 현금거래, 신용거래, 신뢰거래로 구분할 수 있다.

① 현금(Cash) 거래는 거래할 때 마다 확실하게 이익을 얻는 거래로 거래 시의 환경에 엄격한 자격조건, 전란(戰亂), 상대 불명 등 불확실성이 클 때에는 현금거래가 일반적이다. 예를 들면 사막의 오아시스에서 대상(隊商)끼리는 주로 현금거래를 하였으며 현재에도 회교권의 바자르에서는 현금을 보여주고 가격교섭을 한

다고 한다.

② 신용(Credit) 거래는 그때그때의 거래에서는 현금 이익이 없더라도 일정기간 후에 이전에 결정한 경제조건(품질, 가격, 납기, 담보물건)으로 확실하게 현금이익이 들어오면 되는 거래방식을 말한다. 자연조건, 정치, 제도, 거래상대가 안정되어 있고 불확실성 요인이 거의 없을 경우에 행해지는 거래 방식이다. 예를 들면 신용어음의 유통은 신용거래의 일종이라 할 수 있다.

③ 신뢰(Creditability) 거래는 그때그때의 거래에서는 이익이 없다하더라도 신뢰할 수 있는 (네트워크화 된)복수와의 거래를 통해서 장기적으로 또는 전체적으로 이익이 발생하면 된다고 판단하여 행하는 거래를 말한다. 특정 거래에서는 손해를 볼지라도 상대를 포함한 네트워크에 속하는 전체와의 거래에서 이익이 나면 된다고 판단하고 행하는 거래이다. 신용거래처럼 확정적인 거래조건이나 룰을 반드시 사전에 정해 놓지 않아도 되며 자연조건, 정치, 제반제도 등 거래상대가 안정적이

며 불확실성 요인이 거의 없다고 예상될 때 행해지는 거래 방식이다. 거래 당사자는 신뢰관계 강화, 신뢰 네트워크의 확대를 주요한 목적으로 거래를 행한다.

▎ 일본의 전통적인 신뢰거래의 사례 ▎

일본에는 지금까지도 옛날의 신뢰 거래 흔적이 상당히 남아 있다. 예를 들면 교토의 하나마치(花街)에서는 지금도 고객과 신뢰거래가 일반적이다. 교토의 하나마치에서는 처음 보는 고객을 안 받아주는 관행(一見さんお斷り[04])이 지금도 이어지고 있다고 한다. 단골 고객에게는 고객의 취향에 맞는 요리와 가무를 제공할 수 있지만 처음 보는 고객에게는 고객의 니즈를 모르기 때문에 고객에게 맞는 서비스를 제공할 수 없다는 것이 주된 이유이다.

또 이용 요금과 수금도 고객과의 신뢰관계, 장기적인 거래 실적을 감안하여 책정한다. 요정의 주인(お母さん)은 고객의 요리대, 서비스료 등을 우선 대납하므로 고객은 현금이 없어도 즐길 수 있으며, 비용이 얼마인지는 이용 후 2-3개월 후에 알려주고 지불방식도 1년에 2-3번 정

> 도 정기적으로 지불한다고 한다. 참고로 하나마치에서는 게이샤와 요리는 요정에서 직접 관할하지 않는 철저한 분업 시스템을 도입하여 지금까지도 유지하고 있는 것이 다른 지역 요정과의 큰 차이점이다.

또 거래의 성격과 빈도에 따라 경쟁적 거래와 협조적 거래로 구분할 수 있다.

① 경쟁적 거래는 주로 단기 거래로서 자유 시장을 기초로 경쟁 입찰을 하고 가능한 한 완전한 계약에 의거하여 행하는 거래로 경쟁 입찰에 참여하기 위해서는 객관적으로 능력이 있음을 평가받을 필요가 있다. 계약 기간이 종료하면 일단 거래관계도 종료되며 계속 거래를 위해서는 다시 경쟁 입찰을 통해 거래 상대를 지명하는 것이 일반적이며 거래 때마다 거래상대가 바뀔 수 있다는 의미에 있어서 경쟁적 거래관계는 단기적인 거래로 볼 수 있다. 일반적으로 구미기업의 기업 간 거래는 경쟁적 거래관계인 것이 특징이다.

② 협조적 거래는 장기적 거래가 일반적으로 거래 관계에 고유한 자산과 기능이 존재하며 이러한 관계로부터 거래의 이익이 발생하므로 서로 협조하며 장기에 걸쳐서 행하는 거래를 말한다. 소수의 거래상대와 장기적, 계속적으로 거래를 하게 되면 경쟁의 메리트가 감소할 우려가 있으므로 비교적 소수의 거래 상대끼리 경쟁을 시켜 이러한 약점을 보완하는 거래 형태를 취한다. 양자가 협조적인 관계가 되기 위해서는 양자의 조직 간에 '신뢰'가 있어야 하며 신뢰의 축적이 많을수록 정보 교환에 좋은 영향을 미치고 학습 정도도 많아진다.

협조적 거래의 경우 공통 과제에 대해서 공동으로 문제 해결을 시도하므로 문제 해결을 위해 퇴출(Exit) 시키기보다는 고발이나 제안(Voice)을 선호하는 경향이 있다. 일반적으로 일본기업들 간의 거래는 협조적, 장기적 거래가 특징이다. 또한 거래가 장기·반복적으로 일어남에 따라 양자 간의 거래에 한정된 '관계 특수적인' 투자나 기능이 필요하게 되는 것도 사실이다.

표 3 협조적 거래관계(일본)와 경쟁적 거래관계(구미)의 비교

	협조적 거래관계	경쟁적 거래관계
관계 특수적 자산	대	소
관계 특수적 기능	필요	불필요
Exit/Voice(퇴출/제안)	Voice	Exit
관리적 경쟁	유	무
고객에 대한 신뢰	고	저

마나베(真鍋誠司),
「企業間信頼の構築 : トヨタのケース」, 2002에서 인용

2. 기업 간의 거래관계 분류

기업 간의 거래를 분류해 보면 수직적 거래와 수평적 거래, 동업종간 거래와 이업종간 거래로 분류할 수 있다. 수직적 거래란 부품이나 원재료의 조달, 제품 판매에 이르기까지의 서플라이체인(공급사슬)의 후방산업(상류)과 전방산업(하류)과의 거래 관계를 말한다. 최종제품 조립메이커와 부품이나 원재료를 제공하는 업체들과의 거래 또는 생산과 판매의 제휴(제판동맹,[05*] 판매계열) 등이 이에 해당한다. 수평적 거래는 경쟁관계나 보완관계에 있는 독립 업체들 간의 거래로서 서플라이체인의 같은 단계에서 상호작용을 하는 거래를 말한다.

표 4 기업 간의 거래관계 분류

	수직적 관계	수평적 관계
동업종	・생산・유통 분야내의 공급관계 〈사례〉 발주기업과 공급기업간 거래관계 (buyer-supplier relation) 대형메이커의 생산계열 유통업자의 유통계열	・경쟁관계 ・경쟁과 협력의 믹스 〈사례〉 시장경쟁 경합기업과의 전략적 제휴
이업종	・생산과 유통사이의 공급관계 〈사례〉 제판동맹 메이커의 유통계열	・보완관계, 　계열간 경쟁관계 〈사례〉 이업종기업과의 전략적 제휴 다른 계열간의 대항관계

와카바야시(若林直樹), 日本企業のネットワークと信頼
:企業間関係の新しい経済社会学的分析, 有斐閣, 2006에서 인용

3. 일본기업의 기업 간 거래의 특징

일본기업의 전통적인 기업 간의 거래는 상호 신뢰를 바탕

으로 한 협조적 거래가 일반적인 거래 형태이다. 일본기업들은 원자재 가격 급등 등으로 손해를 보는 거래일지라도 거래 상대가 "이번에는 당신이 좀 울어줘", "안 되는 것을 좀 어떻게 해줘"라고 하면 다음 번 거래 시에 가격 인상을 예상하며 종전 가격으로 거래를 한다. 이는 신뢰를 바탕으로 한 장기적·협조적 거래 관계가 아닌 단기 거래에서는 기대하기 힘든 상관행이다. "나카마(仲間) 거래"[06] 또는 "담합"과 같은 말도 일본적 거래의 특징을 나타내는 측면이 있다. 이번 거래에서는 손해를 볼지라도 다음 번 거래 시에 이익이 나도록 해 주는 "대차(貸し借り)의 논리"가 일본기업의 상관습에는 보편화 되어 있다. 따라서 "처음 보는 손님에게는 팔지 않는다." 즉 신뢰가 쌓이지 않은 단기 거래를 하지 않는 것이 일본기업의 전통적인 상관행이라 할 수 있다. 따라서 일본기업은 상대를 신뢰하면 거래할 때 세세한 룰은 정하지 않는 것이 일반적이며 오히려 세세한 룰을 정하면 상대를 신용하지 않는 것이 아닌가하고 의심을 사게 되므로 의식적으로 피하려고 하는 경향도 있다.

일반적으로 일본기업의 기업 간의 거래는 구미기업과는

다른 몇 가지 독특한 특성을 가지고 있다. 거래를 개시할 때나 그 후에도 신뢰를 가장 중시한다. 일단 거래 관계가 이루어지면 이것이 관행이 되어 계속적으로 관계를 유지하려고 한다. 거래 시 계약서가 작성되어도 계약조건을 모두 명기하는 것이 아니라 거래과정에서의 의견교환이나 그 후의 상황 등을 고려하여 계약서를 해석한다. 즉 일본기업의 기업 간의 거래 관행에는 거래주체 간의 신뢰관계를 전제로 거래조건에 관해서 반드시 계약서에는 명기하지 않은 암묵의 계약을 기본으로 하여 계속적인 거래를 하는 경향이 있다.

일본기업의 기업 간의 거래는 구미나 다른 동아시아 지역에 비해 동업종간 또는 이업종 간의 수직적 거래의 경우에 아주 두드러지는 특징을 보이고 있다. 기업집단 또는 기업그룹내의 거래, 생산계열을 형성하는 발주기업과 외주기업의 거래, 유통계열 내에서의 제조업체와 판매업체 간의 거래 등에서 신뢰를 바탕으로 한 장기·계속 거래가 두드러지게 관찰되고 있다.

특히 최근에는 자동차산업, 전자산업 등의 하청계열에서 전형적으로 관찰되는 '호혜적 신뢰(互惠的 信賴)'를 바탕으로 한 기업 간의 거래관계가 국제경쟁력의 원천이라는 분석이 많다. 예를 들어 도요타자동차의 경쟁력은 납품업체와의 호혜적 신뢰를 바탕으로 한 거래관계에 의한 설계, 생산, 품질 경쟁력에 기인한다는 것이다.

여기서는 주로 일본 자동차 산업에서의 발주기업과 부품 납품업체와의 거래에서 관찰되는 일본기업의 3가지의 거래 특징인 장기계속거래, 소수 공급기업간 경쟁, 일괄 외주의 특징에 대해 구체적으로 살펴보기로 한다.

1) 장기계속 거래

일본기업의 기업 간의 거래에서 거래를 제어하고 규제하는 룰은 장기계속 거래를 중시하는 것이다. 부품공급 체계의 계열화, 유통계열(특약점)이 대표적인 사례이다. 장기계속 거래를 하게 되면 거래상대는 자연스럽게 소수로 한정되게 되며 거래 상대를 선정할 때는 신뢰를 중시하기 때문에 거래 관계를 맺는 것이 쉽지 않으나 일단 거래 관계가 형성되면 장기간 거래를 한다.

예를 들면 특정 제품(부품)에 대해 거래가 시작되면 그 부품이 사용되는 제품의 생산기간 중인 대개 4-5년간은 거래가 안정적으로 지속되는 것이 일반적이다. 이 때 거래처와는 호혜적인 신뢰관계를 구축하여 서로 정보공유하며 문제해결을 위한 메커니즘을 구축하고 이를 발전시켜 거래 시스템 전체의 개선능력을 향상시킨다. 자동차 산업의 경우 완성차메이커의 부품업체와의 거래기간을 보면 5년 이상 거래하는 기업의 비율이 약 80%를 차지할 정도이다.

장기계속적인 거래를 경제학에서는 조직적 시장이라 한다. 자유시장의 원리에 조직의 원리가 가미된 형태라고 볼 수 있다는 것이다. 즉 자유시장의 원리에 참가자가 누군가의 지시에 따라 공통의 목적을 달성하기 위해 협력하는 조직 원리가 부가된 형태라는 것이다. 거래조건의 결정원리는 자기 이익 최대화가 아니라 공동이익 최대화이며 이러한 관계에서는 거래당사자 간에 신상품 개발, 부품이나 소재의 성능 향상 등에 대한 정보 공유가 가능하다.

2) 소수업체 간의 경쟁

조직적 시장은 '보이는 손'에 의해 경쟁을 유발시켜 자유시장의 장점을 보완할 수 있다. 장기계속 거래로 인해 자유시장에서와 같은 긴장관계가 느슨해질 가능성이 있으며 공유하는 정보가 경직될 가능성도 없지 않다. 이러한 단점을 회피하기 위해 보이는 손에 의해 경쟁을 촉진할 수 있다는 것이 조직적 시장의 주된 관점이다. 예를 들어 자동차산업의 경우 부품을 소수의 복수 기업에게 발주하는 관행이 바로 그것이다. 소수기업 간에 치열한 경쟁을 하게 되면 거래가 정지될 위험을 느끼게 되며 또 비교 상대를 만드는 효과를 발휘할 수 있다는 것이다. 정보를 상호 공유함으로써 경쟁시장 보다 오히려 섬세한 경쟁을 촉진하는 효과를 기대할 수 있다는 것이다.

일본의 완성차메이커는 대개 4년마다 모델 체인지를 실시하고 1사당 평균 약 400사의 부품업체와 거래하며, 하나의 부품에 대해 2~5사 정도의 부품업체에 대해 복수 발주하는 것이 일반적이라 한다. 신규 모델 생산의 3-4년 전부터 차량

및 부품의 개발 구상이 시작되고, 2년 전쯤에는 거래상대 기업에 대한 정보로 부품기업을 선정하여 시작품 제작을 의뢰한다. 12-18개월 전에는 발주기업이 확정되어 양산이 개시되기 전까지 실제 양산 라인을 사용하여 시작품에 대한 평가가 거듭된다. 발주기업은 부품공급업체를 장기적·다면적으로 평가하여 업체를 선정하며 선택된 복수의 공급업체들은 서로 치열한 경쟁을 통해 조직능력 향상을 꾀하므로 품질 향상이나 원가절감을 촉진시키는 효과가 있다. 완성차메이커 입장으로서는 거래하는 공급업체수를 줄임으로써 거래비용을 절감할 수 있고, 부품 공급업체로서는 고도의 능력을 축적할 수 있으며 또 발주업체로부터 많은 물량을 확보하는 이점이 있다.

실제로 완성차메이커들이 부품공급업체를 어떻게 평가하고 거래하는 지를 부품 설계도의 '대여도' 업체와 '승인도' 업체를 통해 알 수 있다. 대여도 공급업체란 완성차메이커가 부품에 대해 상세하게 설계하여 도면 그대로 공급업체에게 제조를 의뢰하는 업체를 대여도 공급업체라고 하며 미국의 완성차메이커에 부품을 공급하는 업체는 대부분 대여도 공급업체이다. 이에 비해 완성차메이커가 상세설계를 하지 않고 부품 공급업체에게 제조는 물론 상세설계까지도 맡기는 업체를 승인도 공급업체라고 한다. 일본의 완성차메이커와 부품공급업체 간의 거래는 제품개발의 초기단계에부터 부품업체가 참여하고 부품업체 스스로 개발한 부품의 설계도를 완성차메이커로부터 승인받는 승인도 공급업체가 상당히 많다. 일반적으로 일본에서 발주기업이 부품을 조달하는 방식은 [표 5]에서 보는 바와 같이 7가지 형태로 분류할 수가 있다.

표 5 외주기업의 대여도·승인도 업체의 상세 분류

카테고리	발주업체가 제시하는 사양으로 만든 부품 (커스텀 부품)						시판부품
	대여도 부품			승인도 부품			
	I	II	III	IV	V	VI	VII
분류기준	발주기업이 공정에 대해서도 상세하게 지시	외주기업이 대여도를 기초로 공정을 결정	발주기업이 개략도면을 제시하고, 이를 완성하도록 외주기업 측에 위탁	발주기업은 공정에 대해 상당한 지식을 보유	IV과 VI의 중간	발주기업은 공정에 대해 한정된 지식만 보유	발주기업은 외주기업이 제공하는 카탈로그에서 선택하여 구매

아사누마(浅沼万里), 日本におけるメ-カ-とサプライヤ-との関係:関係の諸類型とサプライヤ-の発展を促すメカニズム에서 인용

이때 부품가격이 어떻게 결정되는 지를 살펴보면 다음과 같다. 먼저 완성차메이커가 신차 예정판매가격과 목표 제조원가를 설정하여 부품업체에게 견적가격을 제시할 것을 지시한다. 이에 부품업체가 견적가격을 제시하면 이를 발주기업이 일단 받아들이고 난후 쌍방이 코스트를 절감하는 방안을 강구하여 최종적으로 거래가격을 결정한다. 이렇게 하여 가격이 결정되면 거래 조건이 크게 변하지 않는 한 양자는 이 가격으로 장기적인 거래를 한다.

3) 일괄 외주

 일본적 기업 간 거래 관행 중에 일괄 외주라는 특징이 있다. 발주기업이 외주기업 전부를 관리하는 것이 아니라 실력이 있고 신뢰할 수 있는 외주기업에게 관련된 부품을 일괄적으로 외주하는 관행을 말한다. 발주업체는 외주업체 관리에 들어가는 비용을 크게 절감할 수 있고, 부품업체는 가공이나 생산관리, 개발제안, 원가기획, 품질관리 등 다면적인 분야에서 복합적인 조직능력을 축적할 수 있는 이점이 있다. 승인도 제도, 무검사 납품, 서브어셈블리 납품 등이 일괄 외주로 인해 나타나는 일본적인 기업 간 거래의 특징이다. 예를 들어 일본의 승인도 공급업체의 경우 구미의 부품 공급업체에 비해 개발·설계의 작업량이 4배 정도가 많다고 한다. 따라서 일본의 승인도 업체는 구미의 완성차 메이커의 상당부분의 작업을 담당하고 있다고 할 수 있다. 일괄 외주의 구체적인 사례를 동경 오타구의 '구좌(口座) 기업' 사례를 통해 구체적으로 살펴보기로 한다.

동경 오타구의 '구좌(口座) 기업' 사례

동경 오타쿠(大田區)[07]의 중소기업들 중에는 대기업으로부터 정식 거래처로 인정받아 등록이 되어 구좌(口座)를 할당 받는 기업이 있다. 이 구좌는 대기업이 주문서나 납품서 등 각종 전표를 발행할 때 거래처를 특정 짓기 위해 사용하는 구좌이다. 구좌번호가 들어있는 발주서를 금융기관에 가져가면 영세기업일지라도 운전자금을 대출받을 수 있는 여신을 의미하기도 한다. 대기업은 구좌를 발행하는 기업에 대해서는 거래내용뿐만 아니라 종합적인 사전심사를 실시하며, 납기나 품질에 문제가 발생하면 구좌를 폐지하는 등 엄격한 사후 심사를 실시하고 있다.

오타구 중소기업 간에는 '조아이(帳合)'라는 상관행이 있다. 대기업이 많은 영세기업과 거래를 하고자 할 때는 구좌 보유기업 1사를 '조아이 사키(帳合先)'로 지정하여, 이 기업이 창구가 되어 다른 영세기업을 총괄하도록 하는 것이다. 구좌기업은 다른 영세기업의 납품관리, 품질관리를 대신하고 수%의 커미션을 취하는 상관행이다. 따라서 구좌기업은 ① 구매, 판매, 보관, 배송 등의 유통기능, ② 디자인, 수량, 납기지정, 기술적 원조 등 영세업체에 대한 생산관리 기능, ③ 조립, 가공, 포장 등 생산기능 등을 갖추어야 한다. 다른 영세기업 입장에서는 구좌 보유기업과 관계를 갖는 것이 외주확보의 주요한 수단이 되는 것이다.

조아이(帳合)를 통한 거래방식의 장점은 발주측인 대기업 또는 대형유통업자로서는 ① 거래에 따른 리스크를 회피할 수 있고, ② 유통, 관리, 생산 등의 비용을 직접 부담하지 않아도 된다는 점이다. 반면 수주측인 영세업자들에게는 대기업과의 거래 시에 필요한 신용이나 수요변동·납기에 대한 대응 등 경영상의 과제를 구좌기업이 해결해 주는 장점이 있다. 또 구좌기업은 대기업의 구좌를 가짐으로서 비교적 안정적인 수주를 획득할 수 있는

> 장점이 있다. 최근 일본에서는 이와 같은 거래 방식을 클러스터를 활성화시키는 방안으로 활용하려는 연구가 이루어지고 있다.

일괄 외주가 가능하기 위해서는 발주기업으로서는 외주기업을 평가할 수 있는 능력을 보유하고 있어야 한다. 특히 발주한 부품의 품질에 대한 평가능력이 전제되어야만 일괄 외주를 효율적으로 수행할 수가 있다. 일본의 발주기업들은 "행동(activity)은 아웃소싱할지라도 지식은 아웃소싱하지 말고, (자신의)회사에 꼭 남겨두어라"라는 말처럼 발주 부품에 대해 평가능력을 항상 보유하고 있다. 평가능력을 보유하지 못하고 부품 개발과 생산 전체를 부품 납품기업에게 맡겨버리면 제품의 품질이 저하된다는 인식을 가지고 있다. 부품의 개발과 생산에 대한 지식을 발주업체와 납품업체 양자가 모두 보유하고 있으면 품질과 생산성이 더욱 향상될 것이라고 믿고 있는 것이다.

4) 장기계속 거래의 이론적 분석

일본적 기업 간 거래 관행인 신뢰를 바탕으로 한 장기계속 거래의 장점을 설명하는 몇 가지 이론에 대해 다음과 같이 간단히 소개한다.

① **거래비용 어프로치**(O.E. Williamson)

일반적으로 거래를 개시할 때 계약내용을 정할 필요가 있지만 장래에 발생할 수 있는 모든 사항을 열거하고 이에 상응하는 계약내용을 정하면 막대한 비용이 발생한다. 이와 같은 계약의 불완전성을 이용하여 기회주의적인 행동을 취할 가능성은 언제든지 일어날 수 있다. 그러나 양 기업 간에 관계 특수적인 자산(relation-specific asset)이 있을 때는 거래 상대를 용이하게 변경할 수 없으므로 일종의 내부조직화 된 소수주체 간의 교환관계가 성립된다. 따라서 거래비용 어프로치는 시장거래를 내부 조직화함으로써 기회주의적인 행동을 억제할 수 있을 뿐만 아니라 거래비용도 절감 된다는 이론이다.

② 반복 게임(repeated game) 이론 어프로치

거래 당사자가 협조적인 행동(계약 준수)을 하면 모두에게 이익이 되지만, 자신이 비협조적인 행동(계약 비준수)을 하면 본인에게 더욱 이익이 되는 '죄수의 딜레마(prisoners delemma)'[08] 상황에서는 계약이 파기될 가능성은 항상 존재한다. 그러나 거래가 반복해서 일어날 경우 협조적인 행동으로 인해 얻는 이익이 일시적인 비협조적인 행동으로 인해 얻는 이익보다 클 경우에는 거래 당사자의 협조를 이끌어 내게 된다는 이론이다.(단, 거래가 제한적 일 경우에는 죄수의 딜레마는 해소되지 않는다). 특정 거래 상대와 한정된 거래 일지라도 '평판'과 '신뢰'가 작용하는 사회라면 거래상대가 바뀌어도 협조적인 행동을 하는 것이 유리하다.

③ 정보의 경제학 어프로치

장기계속 거래는 불확실성이 발생했을 때 이에 능동적으로 대응하여 불확실성을 감소시키려는 행동과 불확실성으로 인한 리스크를 수동적으로 서로 분담하는 기능을 가지고 있다는 주장이다. 불확실성에 능동적으로 대처하는 방안으로서는 장기계속 거래를 통해 제품 교환뿐만 아니라 정보의

교환도 계속적으로 일어나게 되어 정보의 신뢰성을 높여 불확실성을 제거할 수 있다는 것이다. 수동적인 방안으로서 일회성의 스폿(SPOT)거래로는 리스크를 회피할 수 없으나 장기계속 거래를 하게 되면 상호이해나 공통지식이 형성되어 리스크 분담에 대한 합의 형성이 용이해 진다는 것이다.

④ 중간조직・네트워크론 어프로치

일본기업 간의 네트워크는 시장원리와 조직원리가 동시에 작용하는 '중간조직'으로 보며 시장과 조직의 장점을 동시에 갖추고 있다는 주장이다. 시장과 조직은 정보의 교환 및 축적, 의사결정시의 인센티브, 시간적 시야의 측면에 있어서 장단점을 보유하고 있는데 기업 간의 관계 효율화를 위해서는 양자의 장점을 갖춘 중간조직이 적합하다는 주장이다. 그러나 양자의 단점 부분 즉 중간조직의 문제점으로는 서로에게 기대는 타성, 미지근한 체질, 담합 등이 있으며 이는 사회적인 모니터링, 보이지 않는 경쟁을 촉진시켜 해소할 수 있다고 주장한다.

일본적 기업 간의 거래에 대한 장단점을 정리하면 다음과 같다.

표 6 일본적 기업 간 거래의 장단점

장점	단점
· 계약 교섭·실시의 거래비용 절감 · 기회주의적 행동의 방지 · 거래 기업 간 질(質) 높은 정보공유 가능 · 관계특정적인 투자 증가 · 거래 시스템 전체의 개선 · 경영환경변화 등 불확실성에 유연하게 대응 가능 · 품질개선, 제품개발에 효과적 · 계약을 넘어선 깊은 협력관계	· 서로에게 기대는 타성이 생성되기 쉬움 · 불상사가 발생했을 경우 서로에게 책임을 회피하려는 현상 발생 · 관계특정적인 투자가 극심한 불경기나 구조조정 기에는 부담으로 작용 · 시장거래보다도 가격이 비싸질 가능성도 배제 할 수 없음(과잉품질) · 이익이 시장거래보다 낮아질 가능성

4. 일본적 기업 간의 거래와 신뢰

여기서는 일본적 기업 간의 거래 특징인 장기계속 거래와

이 책의 주제인 신뢰와의 관계에 대해 더욱 심도 있게 분석해 보기로 한다. 장기계속 거래의 일반적인 장점에 대해서는 앞 절에서도 언급했지만 실제로 일본기업들의 거래에 있어서 신뢰가 어떠한 작용을 하며 어떠한 이점을 가져다주는지를 살펴보기로 한다.

1) 일본기업이 생각하는 신뢰의 의미

일본의 발주기업과 외주기업 간의 신뢰를 바탕으로 한 장기계속 거래를 의무적 계약관계(Obligational Contractual Relation)라고 한다. 여기에서 '신뢰'란 일반적으로 스폿(spot) 거래에서 보는 것처럼 일정의 능력을 평가하고 계약을 성실하게 이행하는 것에 대한 신뢰가 아니라 장기적이고 호혜적 신뢰관계를 뜻한다. 따라서 일반적으로 구미기업들이 말하는 '신뢰'보다는 한층 더 깊고 복잡한 의미를 지니는 것이라 할 수 있다.

이러한 신뢰관계를 '선의에 의거한 신뢰(goodwill trust)'로 정의하며 협력하고 있는 기업이 서로 기회주의적인 행동을 취하지 않으며 공식계약이나 합의에 명기되어 있지 않는 사항까지도 공동발전을 위해 무한정적(無限定的), 적극적으로 관여할 것을 서로 기대하는 상태의 협력관계를 말한다. 계약을 초월한 깊은 협력 관계를 형성하며 상호 발전을 위한 협력의무를 의식하고 있는 것이 일반적이다. 일본에서 기업 간의 거래 시에 신뢰관계가 있다는 것은 거래 당사자 기업뿐만 아니라 기업 간 네트워크에 있어서 담당자들이 상호협력을 위해 공헌하고 이를 의무로 생각하는 일종의 심리적인 계약이 맺어져 있는 상황으로 볼 수 있다.

발주기업과 외주기업 간에 신뢰를 바탕으로 한 거래·분업관계를 형성하면 고도의 정보공유, 환경변화에 대한 유연한 대응, 품질개선, 협조적 엔지니어링과 같은 경영활동을 가능하게 한다. 발주기업은 외주기업의 기술이나 경영 지도를 실시하고, 외주기업은 제품개발이나 생산 문제를 해결하기 위해 발주 기업과 협력하게 된다. 또한 이러한 기업 간의 관계는 외주기업의 생산 혁신, 기술의 점진적 혁신 등을 통해 조직간 학습을 촉진시킨다. 그 대표적인 사례가 품질개선을 위해 양자가 장기적으로 공동 대처하는 것이라고 할 수 있다.

 이러한 협력관계는 담당자 간의 다원적이며 강력하게 결합된 사회 네트워크를 통해 형성되고 또 성장해 나간다. 공동 연구회, 다양한 모임 등을 통해 높은 빈도로 대면적인 접촉이 이루어지고 정보가 다면적으로 교환된다. 즉 강한 연대에 의한 동질적인 네트워크가 암묵지의 공유와 형성을 효과적으로 수행한다. 일본기업들은 이러한 조직간 네트워크를 의도적으로 구축하여 호혜적인 신뢰관계를 구축하고 있다.

 기업 간의 거래에서 신뢰를 바탕으로 한 호혜적 거래는 ① 거래비용의 절감, ② 관계 특수적 자산에 대한 투자의 촉진, ③ 고도의 정보공유 촉진 등의 효과가 있음은 두말할 필요가 없다. 관계 특수적 투자는 외주기업이 발주기업과 신뢰관계를 구축하는 과정에서 발주기업 전용의 인력, 연구개발, 설비 등에 대해 투자하는 것을 말하는데, 이를 매개로 양자 간의 관계는 더욱 협력적이 된다. 실제로 일본의 완성차메이커의 경우 외주기업에 대해 평균 16% 정도의 주식을 보유하고 있으며 또 외주기업 30사 정도에 대해 임원을 파견하고 있다고 한다.

2) 신뢰관계를 성숙시키는 네트워크

기업 간의 거래에 있어서 실질적으로는 양 조직을 연결짓는 경계연결자(boundary-spanning manager)가 반드시 존재하는데 주로 이들이 양자의 신뢰관계를 돈독히 하는 주된 역할을 수행한다. 경계연결자 간의 빈번한 상호연락, 기술연구회, 외주기업 협력회 모임, 사교·접대 등을 통해 네트워크를 형성하여 높은 빈도로 만나며, 이를 통해 폭 넓은 커뮤니케이션이나 사회적 정보교환을 하며 신뢰관계를 촉진한다. 경계연결자 간의 강한 연대는 다양한 내용에 대한 깊은 정보교환이 이루어지는 다중 송신적(multiplex) 네트워크로서 작용하여 암묵지의 공유를 촉진하고 호혜적인 신뢰관계를 발달시킨다. 경계연결자는 발주기업과 외주기업 양자뿐만이 아니라 외주기업 전체의 강한 연대로 확대되어 보다 깊은 정보공유나 문제해결을 촉진하며 이는 공급 시스템 전체에서 호혜적인 신뢰감을 높이는 작용을 한다.

3) 신뢰관계 형성과 품질개선 활동

거래 기업 간에 호혜적 신뢰관계가 형성되면 기업 간의 협력에 의해 제품개발은 물론 품질개선 등에 지대한 효과를 발휘한다. 외주기업은 발주기업이 요구하는 품질의 제품을 경제적으로 또 효율적으로 생산하기 위해 양 기업이 협력하는 외주품질관리활동을 일상적으로 전개하게 된다. 품질의 지속적인 향상을 위해 발주기업이 외주기업에 대해 생산기술이나 경영면에서 지도를 하는 한편 외주기업은 자주적으로 제안이나 노력을 하는 등 장기적이고 폭 넓은 협력을 하게 한다.

특히 외주기업으로 구성되는 협력회[09*]는 발주기업과 외주기업의 품질관리 향상을 위한 정보교류를 원활하게 하는 지대한 역할을 수행한다. 발주기업은 협력회에 대해 기술정보, 생산동향, 품질관리, 경영전반에 대해 각종 정보를 제공하고 지도를 한다. 외주기업들은 발주기업 또는 다른 외주기업과의 교류를 통해 자발적으로 조직능력을 향상시키며 또 연구회 등을 통해 공동으로 대처하기도 한다.

장기계속 거래관계에 있는 발주기업과 외주기업 간의 정보교류 네트워크는 단순이 빈번한 정보교류뿐만이 아니라 교류하는 정보에 상당한 깊이가 있는 것이 특징이다. 발주기업은 대개 다음의 3가지 목적을 위해 외주기업과 정보교류를 한다. 첫째는 품질활동의 수준을 일정 이상으로 유지하기 위해 외주기업을 지도하며, 지도뿐만이 아니라 정기적인 감독·감사도 실시한다. 둘째는 제품개발의 초기 단계부터 외주기업을 참가시키기 위해서이다. 셋째는 품질 등에 문제가 발생했을 때 신속하게 연락하여 문제를 해결해 나가기 위해서이다. 발주기업과 외주기업이 협력하는 채널은 다음과 같이 4가지 종류가 있다.

① 협력회의 정기회합, 품질보고회 등 정기적이고 다원적인 회합
② 감사나 정기적인 지도 등 정기적인 접촉 채널
③ 클레임 처리 등과 같은 비정기적인 접촉 채널
④ 공동으로 품질개선을 추진하기 위한 외주기업끼리 접촉하는 채널

그림 4 품질 개선을 위한 발주기업과 외주기업의 커뮤니케이션 채널

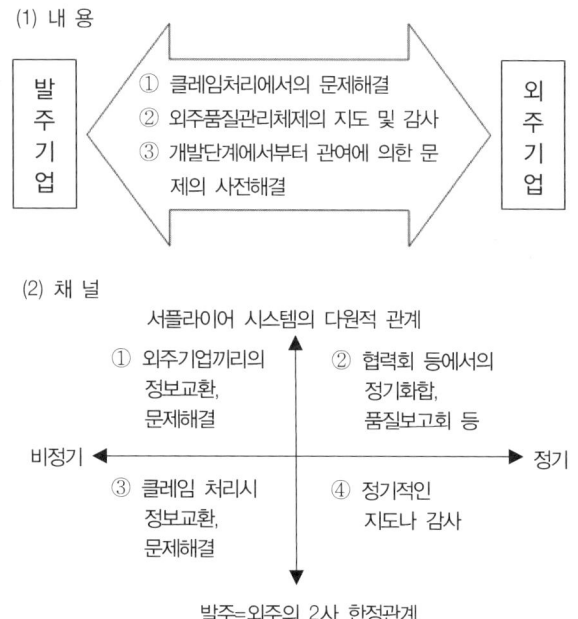

와카바야시(若林直樹), 日本企業のネットワークと信頼
:企業間関係の新しい経済社会学的分析, 有斐閣, 2006에서 인용

발주기업과 외주기업 또는 외주기업끼리의 커뮤니케이션 채널은 대체로 3단계의 과정을 통해 형성되어 점점 강한 연대로 성숙되어 간다. 1단계는 발주기업과 외주기업 간의 약

한 연대를 형성하는 초기 단계이다. 2단계는 약한 연대에서 강한 연대로 발달해가는 단계이다. 그리고 3단계에서는 외주기업 간에도 네트워크를 형성하는 단계이다.

결론적으로 개방적이고 느슨한 네트워크는 능력적 신뢰 관계를 발달시켜 형식지의 학습에 그치는데 비해 신뢰를 바탕으로 한 응집적이고 강력한 네트워크는 관계적 신뢰 관계를 촉진시키고 암묵지 학습에 적극적인 네트워크를 형성한다.

그림 5 네트워크의 구조특성, 신뢰, 조직간 학습

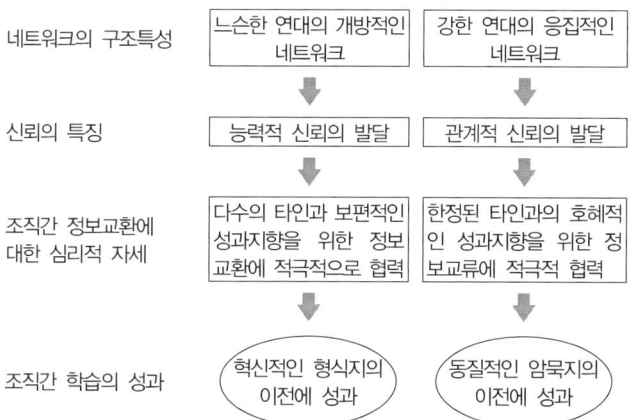

와카바야시(若林直樹), 日本企業のネットワークと信頼
:企業間関係の新しい経済社会学的分析, 有斐閣, 2006에서 인용

4) 「도호쿠 리코(東北リコ−)」, 「도호쿠 파이오니어(東北パイオニア)」의 품질개선 활동 사례

여기서는 실제로 일본기업들이 어떠한 채널과 방법을 통해 품질개선 활동을 하고 있는 지를 전자업체를 사례로 구체적으로 살펴보기로 한다.

① 발주・외주기업 개요

도호쿠 리코는 리코의 중핵회사로 인쇄기・복사기를 생산하며 396사(社)의 외주기업과 거래하고 있고, 도호쿠 파이오니어는 카오디오 제품을 생산하며 117사(社)의 외주기업과 거래하고 있으며, 양사의 협력회에 가입한 외주업체 수는 69사(社)(양사합계)이다.

② 거래관계

거래관계를 보면 외주기업이 자사생산 제품의 50% 이상을 납품하는 기업 비율은 24.9%(68사)로 반드시 거래비율에 있어서 강한 의존관계를 가지고 있는 것은 아니며 몇몇 회사는 자본관계 및 인력파견을 하고 있다.

③ 외주기업의 선정 및 평가

양사 모두 외주기업의 품질, 코스트, 배송에 대한 평가기준을 가지고 있으며, 연간 평가로 외주기업에 대해 순위를 정하고 순위에 따라 구매나 외주 거래를 결정한다.

〈도호쿠 리코〉 : 5단계로 평가하여 부자재 영역마다 1・2위 외주기업으로부터 발주를 의뢰한다.

〈도호쿠 파이오니어〉 : 파이오니어는 본사가 자동차 회사에 납품을 하기 때문에 QS9000 인증의 품질규격을 요구하고 외주기업의 협력도를 체크하며 품질관리체제 정비, 문제점에 대한 대응실적 등을 정기적으로 체크 한다.

④ 외주기업의 품질관리체제

협력회 소속의 외주기업들의 품질관리 체제는 정비되

어 있는 편이나 중소기업들이 많기 때문에 조직체제는 반드시 정비되어 있지 않지만, 70% 가량의 기업이 종업원의 품질관리 연수 등 교육을 실시하고 있다.

⑤ 품질관리 개선을 위한 커뮤니케이션

품질관리 지도는 양사 모두 협력회를 통해 실시하나 약 50% 정도의 기업에 대해 실시하며, 약 80% 정도의 기업에 대해서는 1년에 1회 이상의 품질감사를 실시한다.

〈도호쿠 파이오니어〉: 월 1회 정도 품질연수회를 실시하여 외주기업 지도를 하고 있다.

⑥ 클레임 대응

양사 모두 매일 품질목표에 의거하여 품질 체크를 실시하고 있으며 문제가 발생하면 데이터를 취합하여 즉시 외주기업과 접촉하여 시정조치를 요구한다.

〈도호쿠 리코〉: 검사과가 우선적으로 대응하여 대책

의뢰서를 외주기업에 보내 1주일 이내에 대책서를 제출하도록 한다.

〈도호쿠 파이오니어〉 : 담당자를 현장에 파견하는 등 24시간 이내의 시정조치를 요구한다.

⑦ 무검사 납품

〈도호쿠 리코〉 : 일정 기준을 만족시키면 무검사 납품 외주기업으로서 인정하나 이를 3개월간 심사를 하며 외주기업의 관리능력을 향상시키기 위해 본사의 직원을 파견한다.

〈도호쿠 파이오니어〉 : QS9000 인증을 받았어도 무검사 납품은 인정하지 않는다.

⑧ 협력회에서의 주요 활동

양사 모두 협력회에서 주요 공정을 중심으로 한 외주기업의 정기회합을 개최하고 있다.

〈도호쿠 리코〉 : 주변외주기업을 중심으로 '생산동향 연락회'를 2개월에 1회 개최하여 검사실적, 개선사례 등의 정보를 교환한다.

〈도호쿠 파이오니어〉 : '동영회(東栄会)'를 통해 년 1회 품질보고회를 실시하며 품질개선 등의 정보를 교환한다.

5. 일본기업 간의 거래 사례 : 자동차 산업

여기서는 일본의 자동차 기업을 예로 들어 실제로 발주기업이 외주기업을 어떻게 선정하는 지를 살펴보도록 한다. 특히 구미기업과의 비교를 염두에 두면서 계약이나 거래 과정에 초점을 두고 살펴보았다. 한국기업들이 일본기업과 계약을 추진하거나 거래를 하는 과정에서 참고가 될 것으로 판단해서이다.

1) 계약서

　일본의 완성차 메이커는 납품업체와 거래를 시작할 때 「거래기본계약」을 체결하는데 이는 기업 간의 반복・계속적으로 이루어지는 거래에 대해 공통적으로 적용되는 사항을 정하는 것으로 기본계약의 거래조건은 다시 특약을 하지 않는 한 개별 계약의 거래 조건이 된다. 계속적인 거래를 전제로 하기 때문에 쌍방이 이의를 제기하지 않는 한 계약기간이 자동연장 되는 것이 일반적이다.

　거래기본조항에 대한 취사선택은 당사자 간의 협의로 정한다. 품목이 무엇이든지 간에 양자가 지켜야 할 일반적인 의무만을 규정하며 최초의 가격이나 납품기간 등에 대해서는 거래기본조항에 기재되어 있지 않는 것이 일반적이며 이는 개별계약으로 정한다. 기본계약과 개별계약에 구체적인 기재 사항은 다음과 같다.

표 7 기본계약과 개별계약

	내용	조항	기타
기본계약	모든 거래에 관한 기본적인 사항을 규정	지불조건, 위험부담, 비밀유지, 계약해제조항 등	계약체결은 1번만 (자동갱신규정이 붙음)
개별계약	개별거래에만 적용되는 특수한 사항을 규정	상품의 가격, 수량, 납품기일, 납품장소 등	간단한 주문서나 주문청구서로 대용

도요타(豊田健), 日系自動車サプライヤーの完成車メーカーとの部品取引から見た今後の展望, 開発金融研究所, 2003에서 인용

다음은 수량과 가격의 결정에 대해서 살펴보도록 한다. 수량에 대해서는 발주업체 공장의 「간판」이나 온라인에 의한 납품지시정보에 의해 납품하는 양으로 결정한다. 납품지시정보는 발주업체 공장의 필요한 시간에 필요한 양의 부품이 납품되도록 상세하게 컨트롤 한다. 전체의 납기나 부품의 수량에 대해서는 더 빠른 시기에 발주업체의 「월간납품일정표」에 의해 결정되며 이것이 바로 부품의 수량에 관한 개별계약이 된다.

가격에 대해서는 발주업체(완성차 메이커)가 개발한 모델에 대한 사내의 기본구상을 정리하여, 납품업체의 선정 → 부품

설계 → 도면확정 → 시제품 양산 → 양산개시의 순으로 작업을 진행해 가면서 양산시작의 기간에 「단가결정통지서」에 의해 가격을 확정한다. 완성차 메이커는 Just in time 생산을 실현하기 위해 필요한 부품을, 필요한 양만큼 납품해야 하므로 주문을 반복할 때마다 개별적인 거래계약을 하는 것은 사무적으로 큰 부담이 된다. 따라서 기본계약을 체결한 후에는 새로운 개별계약을 하지 않고도 간단한 주문서로 이를 대용하는 것이 일반적이다.

이에 비해 구미기업의 「Purchasing Order」(PO)의 경우는 일본 기업과 다르다. 구미의 발주업체와 납품업체 간의 경우에는 PO와 이에 부수하는 문서에 의해 거래하는 경우가 대부분이다. PO에는 기본적인 사항만이 기재되어 있으며 상세한 규정에 대해서는 별도의 문서를 참조하도록 되어 있다. 또한 PO는 단년(単年) 계약이 기본이며 양자는 매년 갱신을 위해 교섭을 한다. 납품하는 부품의 수량이나 가격을 명기하며 납품업체는 PO를 계약한 시점에서 어떤 제품을 얼마나, 어느 정도의 가격으로 생산할 지가 명확하다.

표 8 PO 및 계약서의 기재사항

항목	비고
1. 부품번호	· 거래하는 제품의 번호
2. 자동차 모델명	· 부품을 탑재하는 자동차의 모델과 그 모델의 연도
3. 가격	· 부품단가
4. 지불방법	· 특히 없음
5. 품질관리에 관한 규정	· 일반적인 목표가 표시되어 있으며 상세한 내용은 참조할 문서를 지정
6. 배달에 관한 규정	· (상동)
7. 보수부품에 관한 규정	· 보수용 부품의 생산 의무에 관한 규정
8. 계약의 계속이나 해제에 관한 규정	· 계약 해제의 조건이나 차기 거래에서의 계약 계속, 우선 등에 대해 규정

도요타(豊田健), 日系自動車サプライヤーの完成車メーカーとの部品取引から見た今後の展望, 開発金融研究所, 2003에서 인용

2) 거래 과정

신규모델에 관한 완성차 메이커와 부품 납품업체 간의 거래는 완성차 메이커의 납품업체 선정 시부터 시작되며 다음과 같은 단계로 진행된다.

[1단계]
 · 완성차 메이커는 여러 공급업체와 접촉하면서 품질, 기술, 경영상황, 과거의 실적 등 공급업체에 관한 정보를

수집한다.
- 이들 정보를 기초로 하여 공급업체에 대해 평가를 하고 평가를 기준으로 선정된 공급업체에 대해 RFQ(Request For Quotation)을 송부한다.
- RFQ를 송부하는 공급업체는 3-4사 정도이다.

[2단계]
- 공급업체에게 송부된 RFQ에는 개발예정 모델의 기본 사양, 라이프사이클 등이 기재되어 있으며, 공급업체는 이에 의거하여 견적서를 작성한다.
- 견적서 제출 시에는 견적의 근거가 되는 코스트 구조의 자료, 부품 표, 사양, 작성의 조건, 설계도 등을 첨부하고, 경우에 따라서는 프레젠테이션을 실시한다.
- 이와는 별도로 사용부품의 변경에 의한 코스트 삭감에 대한 제안 등도 행한다.

[3단계]
- 제출된 견적서나 프레젠테이션을 평가하여 시제품을 발주하는 공급업체를 결정한다.

- 완성차메이커는 시제품을 발주하는 공급업체에 대해 LOI(Letter of intent)를 발송한다.
- 공급업체 선정 시 중시되는 것은 제품가격이나 기술력, 글로벌 공급에 대응할 수 있는 거점의 유무, 물류의 안정성, 문제대응능력 등이다.
- 이 단계에서 사실상 공급업체를 결정하지만 시제품의 결과에 따라서 공급업체를 변경할 가능성도 있다.
- 그러나 공급업체를 변경할 경우에는 새로운 코스트가 발생하기 때문에 큰 문제점이나 경쟁상대가 나타나지 않는 한 양산용 부품을 수주할 가능성은 높다고 볼 수 있다.

완성차 메이커가 신규모델을 개발하기 전, 즉 [1단계] 이전에 다음과 같은 단계가 있는 경우도 있다.

[0단계]
- 공급업체가 완성차메이커에게 제품이나 기술에 대해 설명(마케팅)을 할 경우, 경우에 따라서는 차량개발의 초기단계에서 Pre-RFQ와 같은 것이 공급업체에게 송부되

기도 한다.
- 이 단계에서 선정된 공급업체로부터 완성차메이커에 게스트 엔지니어가 파견되어 양자가 공동으로 차량개발을 추진한다.
- 이 경우 개발에 참여한 공급업체 중에서 최종적으로 공급업체가 선정되는 경우가 많다.
- 공급업체가 차량개발의 초기단계에서부터 게스트 엔지니어로서 참여하는 경우 완성차메이커가 가지고 있는 기본적인 구상에 맞추어 공동개발을 추진하지만 공급업체는 완성차메이커의 각종 요구에 부응하면서 작업을 해야 하는 입장이 된다.
- 이 단계에 참가할 수 있는 공급업체에게는 상당한 기술력과 제안능력이 요구되지만 일단 참가하게 되면 신규 모델에 관한 많은 정보를 얻을 수 있게 되므로 수주의 가능성이 커진다.
- 완성차메이커의 공급업체 선정이 시작되었을 때 시제품 공급업체로서 인정받으면 완성차메이커와 공동 작업을 수행하며 이 경우 완성차 메이커의 기본 구상이 어느 정도 완성되어 있기 때문에 완성차 메이커로부터 송부

된 RFQ와 함께 사양제시서(仕樣提示書)가 첨부된다.
- 공급업체는 이에 의거하여 제안도(提案図)를 제출하고, 완성차메이커는 이를 평가하여 시제품 승인도를 발행한다.
- 따라서 도면에 대해서는 실질적으로 공급업체가 그리지만 개발의 구상은 완성차메이커가 한다.

[가격교섭]
- 양자의 가격교섭은 RFQ에 대한 회답을 제출하는 단계에서부터 이루어진다. 선정단계에서 완성차메이커는 공급업체의 기술력 등을 고려하여 가격에 대해 평가를 하고 가격교섭을 한다.
- 공급업체는 수차례 견적서를 제출하여 공급업체의 결정시점에서 가격이 설정되며 이 가격을 표준가격이라고 부른다.
- 표준가격은 견적서에 기재된 스펙이나 수량을 기초로 한 가격이며 시제품 단계나 양산단계에서 스펙이나 수량의 변경이 있을 시에는 개정(改訂)된다.
- 실제의 가격은「단가결정통지서」에 의해 확정된다.

[계약의 시기]

- 일본의 완성차메이커는 공급업체와 이미 거래가 있는 경우가 대부분이므로 기본 계약은 이미 체결되어 있으므로 실제의 계약은 개별계약을 하는 것이다.
- 개별계약은 주문서 등으로 대체되기 때문에 공급업체에게 주문서가 오는 것은 양산개시 이전이다.
- 따라서 진정한 계약 성립 시기는 양산도면이 승인을 받고 양산의 주문서가 왔을 때가 된다.
- 단지 공급업체 선정 시에 LOI가 송부되고 그 문서에 가격이나 수량이 기재되기 때문에 이 문서로 수주가 이루어졌다고 볼 수 있다.

표 9 일본식 거래와 구미식 거래의 공급업체 선정의 차이

	일본식 거래	구미식 거래
최초의 상태	· 거래기본계약을 체결 (신규거래 이외의 경우)	· 선정대상의 공급업체
차량개발 단계	· 완성차메이커의 엔지니어와 공급업체의 엔지니어가 공동작업(또는 완성차메이커 내에서 작업)	· 실적 등으로 완성차메이커에 의해 선정된 공급업체에 대해 개발 작업을 의뢰 · 개발 의뢰 PO가 송부됨 (또는 완성차메이커 내에서 작업)

공급업체 선정 초기단계	・기술력이나 거래실적 등 공급업체에 관한 정보에 의거하여 RFQ를 제시하는 공급업체를 선정	・제품비교로 벤치마킹을 한 후에 현실적으로 발주 가능한 공급업체(RFQ제시 공급업체)를 선정
공급업체 선정 중기단계	・제출된 견적서 및 자료에 의거하여 공급업체의 평가를 실시하고 가격을 비교하여 견적서 재제시를 요구하기도 함	・기술 프레젠테이션, 제출된 견적서, 자료 등에 의거하여 공급업체를 좁혀 타깃 가격을 제시
공급업체 선정 후기단계	・시제품을 발주하는 공급업체를 결정하여 LOI를 송부함(양산을 전제로 하지만 양산시에 주문서를 발송)	・시제품을 발주하는 공급업체를 결정하여 시제품 의뢰 PO를 발송(양산시에는 양산의뢰 PO가 발송됨)

도요타(豊田健), 日系自動車サプライヤーの完成車メーカーとの部品取引から見た今後の展望, 開發金融研究所, 2003에서 인용

6. 일본 조립메이커와의 관계 구축의 방향성

일본의 조립메이커들은 제품개발의 초기단계에서 디자인, 성능, 규격을 정하므로 부품업체들은 일본의 조립기업들과 초기 개발단계부터 공동 작업을 하게 되면 양산화(量産化)가 결정된 후에는 대량 수주할 가능성이 커진다고 볼 수 있다. 따라서 제품개발시의 공동 작업은 일본기업과의 거래관계에

서 중요한 프로세스임을 알 수 있다.

일본기업이 제품개발 단계에서 실시하고 있는「게스트 엔지니어 제도」에 적극 참여하는 것이 필요하다.「게스트 엔지니어 제도」란 설계비용과 구체적인 개선활동과의 관련성에 대해 조립메이커와 부품메이커의 엔지니어 사이에 인식을 공유함으로서 VE(Value Engineering)나 코스트 삭감의 유효성을 높이기 위한 제도로 장기적인 win-win 관계를 구축하는 것이 주요한 목적이다. 조립메이커와 부품업체간 신뢰를 형성하여 이를 기초로 최종단계에서의 가격인하가 아닌 개발단계에서부터 원가절감을 하기 위한 장치라고 할 수 있다. 따라서 일본 조립메이커들과의 거래를 활성화하기 위해서는「게스트 엔지니어」를 통해 공존공영의 파트너로서 신뢰관계를 형성하고 지식이나 개발 프로세스에 참여할 수 있도록 하는 것이 상당히 중요하다.

일본의 조립기업은 공급업체 선정 시에 기본적으로 양산을 전제로 하고 공급업체를 초기단계에서부터 선정하는 것이 일반적이다. 따라서 공급업체는 양산을 전제로 하여 가격인하 등을 적극적으로 제안함으로서 수주를 획득할 가능성이 높아진다. 따라서 양산을 전제로 한 교섭과 전제로 하지 않는 교섭을 구분하여 대응할 필요가 있다.

7. 일본기업 간의 신뢰 형성 과정

일본기업 간의 거래 시의 신뢰는 세계적으로도 독특하다고 할 수 있다. 그렇다면 이러한 신뢰는 언제부터 형성되었을까 라는 의문이 생긴다. 말할 필요도 없이 일본적인 문화와 역사를 배경으로 장기간에 걸쳐 형성된 것이다. 여기서는 일본기업의 신뢰의 형성과정을 에도(江戸)시대, 전전(戰前), 전후(戰後)로 구분하여 살펴보기로 한다.

최근 일본기업들의 기업 간의 거래에서 보는 '신뢰' 관계가 특정의 시기에 집중적으로 형성되었다기 보다는 역사의 흐름에서 형성·발전·심화 되었다고 보는 것이 자연스러울 것이다. 따라서 여기에서는 일본기업의 기업 간의 신뢰가 크게 에도시대, 2차 대전 이전인 1940년대의 전시체제,

1960년대의 고도성장기로 나누어 기업 간 신뢰관계가 어떻게 형성되어 왔는지를 살펴보기로 한다.

1) 에도(江戶)시대의 「상인도(商人道)」와 신뢰관계

에도시대에는 기업 간의 거래관계에서의 신뢰보다는 주로 상인의 일반적인 신뢰가 중요하다고 역설한 내용이 많다. 즉 에도시대에는 제품을 만드는 측인 기업 간의 관계에 있어서의 신뢰보다는 상인과 소비자와의 관계에서의 신뢰의 중요성을 역설한 사례가 주를 이루고 있다. 에도시대 행상을 주로 해온 近江(오미: 현재의 滋賀県) 상인[10*]들은 "파는 사람도 좋고, 사는 사람도 좋고, 사회도 좋아야 한다"는 산뽀요시(三方よし)를 주요한 경영이념으로 삼았다. 타지에서 행상을 하기 위해서는 신뢰(신용)가 눈에 보이지 않는 중요한 자산이므로 오미상인들은 '산뽀요시(三方よし)'를 중요한 심덕사항으로 삼았다고 한다. 특히 '거래가 사람들에게 도움이 되는 가를 생각해야 하며, 손득(損得)은 그 결과로 얻어지는 것이므로 자신의 이익만을 생각해서 일거에 고리(高利)를 얻으려고 해서는 안 된다는 것을 명심해야 한다'라고 아

자부상(麻布商)[11*] 나카무라지테에소우칸(中村治兵衛崇岸)[12*]의 유서(1754)에 수록되어 있다.

또 에도시대 상인들은 '양득의 장사(兩得の商売)가 사업을 번성 시킨다'를 사업의 진수로 생각하였다. '양득의 장사'란 상대의 입장에 서서 생각하고 편의를 제공하면 신뢰(신용)가 생기고 이로 인해 결국 큰 이익이 생기므로 '상대도 득이 되고, 자기 자신에게도 득이 된다'라는 뜻이다. 특히 상대가 어려울수록 상대 입장에 서서 생각하라는 것을 강조하고 있다. 에도말기의 사상가인 니노미야 손토쿠(二宮尊徳)[13*]는 "売って喜び, 買って喜ぶ" 즉 "장사란 파는 사람도, 사는 사람도 모두 즐겁고 만족해야 한다"라는 뜻이다.

또 江戸중기의 사상가이며 일본 상인정신의 바이블이라 할 수 있는 석문심학(石門心学)[14*]의 창시자인 이시다 바이강(石田梅岩)은 그의 저서 도비문답(都鄙問答)에서 '진정한 장사란 상대를 세우고 자신도 서는 것'이라 했다. 또 에도시대에는 장사를 할 때 한쪽이 이익을 보면 상대방은 반드시 손해를 본다고 보는 것이 일반적인 통념이었는데, 이시다가 양자가 모두 득을 보는 상행위를 추구해야 한다고 주장한 것은 당시로서는 획기적인 사상이었다.

일본의 에도시대의 상인정신은 기업 간 거래관계에 있어서의 '신뢰'의 중요성을 강조하였다기 보다는 비즈니스 일반에 있어서의 '신뢰'의 중요성을 강조한 것이 대부분이다. 그러나 상대와의 거래 시에 상대에게 도움이 되는 비즈니스가 결국 본인에게도 이익을 가져다준다는 '산뽀요시(三方よし)', '양득의 장사(兩得の商売)'와 같은 상인정신은 이후 일본기업들의 기업 간 거래에 있어서 장기계속 거래에 상당한 영향을 끼쳤다고 볼 수 있을 것이다.

2) 「40년 체제」와 하청관계의 생성 : 강제적 신뢰관계

여기서는 일본기업 간 거래 관계의 대표적 사례이며 자동차, 전자, 기계 등 일본이 국제경쟁력을 가지는 산업 분야에서 광범위하게 나타나고 있는 하청관계의 원형과 발전과정을 살펴보기로 한다. 일본은 1940년대를 전후한 태평양 전쟁 전시체제에서 물자의 집중 및 생산 확대를 위해 대기업을 중심으로 중소기업의 하청공장화를 정책적으로 추진하게 되는데, 그 원인으로 첫째는 당시 대기업과 중소기업 간의 임금격차가 컸으므로 이를 이용하려는 유인이 작용하게 된 것, 둘째는 군수물자 생산이 급증하였기 때문에 대기업의 생산능력에 한계가 있었으므로 중소기업을 활용하려는 것 등의 이유가 있었다.

따라서 일본 하청관계의 원형은 1930년대 후반부터 1940년대에 걸친「전시체제」를 전후하여 생성되었다고 보는 것이 일반적이다. 일본에서는 1930년대를 전후하여 기계공업이 급속하게 발전하게 되는데, 당시 대기업들은 전시체제하에서 생산력을 강화하기 위해 기계공업 관련 중소기업 하청공장을 확보하고 이들을 관리·육성하는 것이 경영상의 큰 과제였다.

예를 들면 공작기계산업에서 적극적으로 하청공장을 동원한 나고야의 오스미철공소는 1941년에 95개의 하청공장을 거느리고 있을 정도였다. 당시 오스미철공소는 외주과를 신설하여 외주관리를 전담시켰으며 하청단가 설정을 견적서를 통해서가 아니라 지정가격제로 실시하였다. 대신 하청공장에 노동자 알선, 우수한 숙련공 배치를 목적으로 한 직공 훈육소를 설립하였고 하청공장의 설비개선을 위한 원조 등을 실시하여 최근 일본기업의 하청관계에서 보이는 체계적인 기술지도와 같은 발주기업과 하청기업 간의 강한 결속력의 원형을 보여 주고 있다.

그러나 이러한 경우는 아주 특수한 사례에 불과하였으며 당시 일본정부는 부동적인 하청관계를 개선하여 하청기업의 기술적 고도화를 달성하는 것이 정책과제였다. 이를 위해 일본정부는 1940년 「기계철강제품공업정비요강」을 발표하고 군수부문관련 기계금속 중소기업을 망라하여 동원하려고 하였다. 또 「하청공장지정제도」를 통해 발주기업과 하청기업 간의 전속적인 관계 구축을 추진하였다. 발주측은 기술지도, 금융원조를 실시하고, 하청측은 하청에 전념토록 함으로서 거래관계를 고정화하여 기회주의적인 대응을 배제하는 것을 목적으로 하였다. 즉 하청기업을 생산에 전념케 함으로서 기술력·생산력 향상을 유도한 정책이었다.

1941년에는 「협력공장정비실시요강」으로 하청공장에 대해 '협력공장'이란 용어를 사용하게 하여 전속·고정적인 거래관계 형성과 양자 간의 협력관계를 확립하도록 하였으나 실제로는 그다지 정책효과를 올리지는 못했다. 통제가 대규모로 이루어졌으나 발주 측과 하청 측을 완전히 통제하는 것은 불가능하여 실효성을 거두지는 못했다. 1943년에는 「기업계열화정책」을 추진하여 기업 계열내의 상호 협력·조정을 유도하려 하였으나 당시의 전시체제의 자원제약 하에서 하청공장 쟁탈전이 전개되어 하청공장을 기술적으로 지원할 여유가 없었던 것도 실효를 거두지 못한 이유이다.

전시기(戰時期)의 하청정책의 목표는 중소기업의 악순환 고리를 끊기 위한 위로부터의 개혁조치였다. 브로커 등의 중간상인을 배제하고 중소기업의 저가격 수주를 보호하며 설비투자 증대, 숙련공 육성, 기술력 향상을 위한 조치였으나 결국 성과를 거두지 못한 것으로 평가되고 있다. 또한 패전으로 군수생산공장들이 대거 붕괴되면서 하청시스템이 전후까지 연계되지는 않았다.

3) 전후 하청관계의 발전 : 일본적 기업 간의 관계 형성기

전후인 1948년에 중소기업청이 발족되었고 1954년에 계열진단제도를 도입함으로서 일본은 본격적인 중소기업 육성에 나섰다. 전후 혼란기에 발주 측이나 수주 측 모두 기회주의적으로 서로를 활용하려 하여 양자 간에 트러블이 자주 발생하였으므로 이를 시정하기 위해 중소기업 경영관리의 근대화를 추진하기 위해 1956년에 「하청대금지불지연등방지법」을 제정하여 이에 본격적으로 대처하였다.

일본에서 하청관계 즉 대기업과 중소기업 간의 협력이 본격적으로 발전하게 된 것은 고도 성장기에 들어서면서 부터라고 보는 것이 일반적인 견해이다. 전후 부흥기에 생산이 급격히 확대되자 대기업과 중소기업의 임금격차로 인해 전전의 하청관계가 부활하기 시작하였다. 특히 고도 성장기에는 대기업과 중소기업의 임금격차가 축소되었으나 수요가 늘어나고 다양화함에 따라 하청관계가 질적으로 변화하게 된다.

조립메이커는 품질과 기술수준 향상을 위해 하청·외주의 효율화를 꾀하였고, 유망한 하청기업을 선별하여 이들을 중점적으로 지도·육성하였다. 선별한 유력기업에 대한 전속화·계열화를 추진하여 이들에게 부품 발주를 집중하여 기간부품의 조립작업을 이관하였으며 계열화한 하청기업을 유니트 부품 메이커로 삼았다. 한편 조립메이커로부터 선발되지 않은 부품메이커들은 대기업과 직접 거래를 할 수 없게 되자 유니트 부품메이커에게 단품을 공급하는 2차, 3차 하청업체가 되었다. 이러한 하청 재편성이 수차례 거듭되어 가는 과정에서 하청거래의 계층화가 진행되어 현재와 같은 장기·계속적인 긴밀한 거래관계가 형성된 것이다. 고도 성장기에 대기업·중소기업 간의 협력·신뢰관계가 본격적으로 형성된 것은 안정적인 조달처를 확보하고자 하는 대기업 발주 측과 안정적인 공급선을 확보하고자 하는 중소기업 수주 측의 기대가 일치하였기 때문이다.

전후 일본의 대기업·중소기업 거래 관계의 주요 특징을 살펴보면 다음과 같다.

① 생산량 증대에도 불구하고 대기업 발주측은 외주처 수를 그다지 늘이지 않았으므로 1차 하청의 규모는 확대되었고, 2차·3차로 하청이 계층화되는 분업구조를 형성하기 시작하였다. 예를 들어 도요타자동차의 경우 1955년 7,000대 생산에서 1964년 18만대로 생산량이 확대되었으나 신규 하청거래 기업 수는 10개 정도 증가하는데 불과했다.

② 신뢰를 바탕으로 한 장기계속 거래가 규범으로서 정착되기 시작하였으며, 이러한 거래관계는 거래 개시 이전부터 신뢰를 공유함으로써 가능하였다.

③ 신뢰를 바탕으로 한 장기계속 거래는 발주 측에게는 하청관리, 수주 측에게는 설비투자, 기술개발에 대한 인센티브를 부여하였다. 수주 측은 장기계속 거래에 대한 기대로 설비경신, 기술혁신, 생산성 증대에 전념할 수 있었으며 또 이를 실현하였다.

④ 발주 측의 하청관리 수법이 고도화되기 시작하였다.

발주기업 내에 구매전략, 하청기업 지도·관리 담당 부서가 생기기 시작하였고 TQC(total quality control:전사적 품질관리)가 하청기업에도 적용되기 시작하였다.

⑤ 일부 하청기업들은 수주의 안정성 확보를 위해 발주기업과 자본관계(또는 임원파견 등 인적관계의 강화)를 맺어 양자 기업 간의 관계를 강화하였다.

결국 고도 성장기에 일본의 하청기업은 기업성장을 위해 적극적으로 하청화 하는 것을 스스로 선택하였고 이것이 현재까지 이어지는 '일본적 서프라이어 시스템'을 형성한 것이다. 경제가 고도 성장기였으므로 하청관계의 장점이 훨씬 많아 단점을 보완할 수 있었던 것으로 판단된다.

나아가 일본은 석유위기 이후에 기존의 하청관계를 더욱 합리화 하였다. 석유위기 이후의 저(低)성장기에는 조립메이커가 내제/외주 기준을 재검토하는 등 하청외주관리의 합리화를 적극적으로 추진하였다. 예를 들면 도요타의 간판방식이 하청거래에서도 본격적으로 도입되어 모기업과 하청기업

의 생산관리가 통합되는 과정을 거치기도 하였다. 또한 1980년대 이후에는 마이크로일렉트로닉 기술이 보급되기 시작하자 하청기업의 기술력과 생산관리능력이 한층 강화되었다. 석유위기 이후 다품종화, 다공정화가 진행됨에 따라 완성품메이커의 부품・제품 개발에 부하가 가중되자 일부를 1차 하청업체에게 위탁하는(まとめてまかせる)[15*] 경향이 두드러지기 시작하였다. 이에 대응하기 위해 1차 하청업체는 2차, 3차 하청업체에게 VA/VE(value analysis/value engineering) 활동을 전개하여 일본 중소기업 전체의 기술축적, 제안력을 향상시켜 나갔다. 석유위기로 인한 불황 속에서 수주경쟁이 치열해지자 중소기업들은 스스로 기술을 축적하기 위해 노력하였다.

1980년대 이후부터는 전문능력이 높은 하청기업들이 모기업과 협력하여 공동으로 부품을 개발하고 설계하는 등 모기업과의 협력이 보다 긴밀화하기 시작한다. 1990년대의 장기불황 하에서는 기술력과 생산력이 탁월한 하청기업들이 타업종 신규 거래처를 개척하는 움직임도 보이기 시작하고 조립메이커들도 해외로부터 부품을 조달하거나 비계열 거래를 늘리는 등의 경향을 보이게 된다.

　결국 일본의 대기업·중소기업의 협력 시스템은 석유위기를 거처 강화되어 1980년대에 지금과 같은 모습으로 정립되었다고 볼 수 있다.

일본기업의
거래관행 변화와 신뢰

4장

　지금까지 살펴본 일본기업의 기업 간 거래 시의 신뢰를 바탕으로 한 장기계속 거래 관행은 1990년대 '잃어버린 10년', 글로벌화 등을 거치면서 그 형태가 조금씩 변화하고 있다. 1990년대 이후 일본기업들의 수익이 악화되고, 일본기업의 주요 제품에 대한 국제경쟁력이 약화되자 일본기업들은 코스트 삭감을 위해 갖은 노력을 기울이게 되는데 그 일환으로서 기업 간 거래관행에도 변화를 피할 수 없게 된 것이다. 여기서는 일본기업의 기업 간 거래 관행에 가장 큰 영향을 미친 '탈계열화', '글로벌 조달', '모듈화'에 대해 어떠한 영향을 초래하였는지를 살펴보도록 한다.

1. 탈(脫)계열화

일본기업 간의 신뢰관계는 1990년대 버블경제의 붕괴, 기업 활동의 글로벌화와 더불어 변화를 초래하게 된다. 버블붕괴 이전까지 일본기업 간의 거래의 특징인 신뢰를 바탕으로 한 장기계속 거래는 ① 지속적인 성장 경제, ② 일본 국내 완결형 생산구조 하에서 가능하였다고 볼 수 있다. 그러나 1990년대에 들어서서 일본경제의 성장이 정체되고 기업의 글로벌화가 진행됨에 따라 기업들은 코스트 삭감을 위해 생산기지의 해외이전, 부품의 해외조달을 확대함에 따라 기존의 국내 완결형 생산구조를 유지하지 것이 어려워졌다. 따라서 일본기업들은 ① 해외 생산비율 확대, ② 종래의 구매·조달 전략 변경, ③ 중국제품 등에 대항하기 위한 부품의 저 코스트화 등을 추진하게 되며 이로 인해 하청기업들과 거래관계를 유지하기가 곤란하게 된 것이다.

가장 큰 변화는 최종재 조립메이커와 하청기업 간에 계열을 형성하여 완결형 생산구조 하에서 이루어지던 기존의 거래 관계가 코스트 문제로 인해 더 이상 유지하기가 어려워진 것이다. 따라서 기존의 장기계속 거래의 범위를 벗어난 '계열을 넘어선 거래'가 증가하게 되었다. 발주 메이커의 구매·부품조달 전략이 이 시기에 변화하기 시작하였고, 수주 메이커도 이에 대응하여 공급선을 확대하려고 노력하는 등 양자 모두 '오픈화'의 방향으로 기울기 시작하였다. 따라서 신뢰를 바탕으로 한 장기계속거래 관행도 변화하기 시작하였다.

발주업체뿐만이 아니라 수주업체도 해외 발주업체와의 관계를 맺기 시작하면서 해외생산비율이 증가하기 시작하였으며, 단독으로 해외에서의 사업 전개가 곤란한 2차 이하의 공급업체들은 국내수요의 감소로 인해 다소 축소되는 경향을 보이기 시작하였다.

탈계열화의 대표적인 사례는 닛산의 계열사에 대한 구조개혁 조치이다. 닛산은 1999년 르노와의 제휴 시에 닛산혁신프로그램(NRP)을 발표하여 3년간 구매 코스트를 20% 삭감하기 위해 ① 부품·소재의 집중 구매화, ② 글로벌 구매전략에 서비스 포함, ③ 공급업체수 삭감(1999년 1,145개사 → 2002년 600개사), ④ 경쟁력이 있는 글로벌 공급업체와의 파트너 십 구축, ⑤ 사양(仕樣) 삭감과 표준화에 도전 등의 목표를 내세웠다. 닛산 발표에 의하면 실제로 2001년도에 구매 코스트를 20% 삭감하였고, 부품업체는 700사(社)로 40%를 삭감하였으며 서비스 공급업체는 60% 삭감하여 2년 만에 목표를 달성하였다고 한다.

그러나 이 시기에 일본 전체의 기업 간 거래는 '오픈화'가 상당히 진행되었지만, 1차 하청기업이나 핵심부품 생산업체에 대해서는 여전히 기존의 거래관행을 유지해 온 것도 사실이다. 즉 1차 하청기업 등 주요 거래처와는 제품 콘셉트나 개발, 생산 면에서의 협력은 여전히 유지되었다. 특히 기업 간의 미세 조정(스리아와세)가 필요한 제품 개발의 경우 신뢰를 바탕으로 한 장기계속 거래가 필수라는 인식은 오히려 강화되었다. 앞으로도 일본기업들은 기업 간 거래관계를 일반 범용부품 등에 대해서는 '오픈화'로 경쟁을 유도해 나가는 한편, 핵심적인 분야에 대해서는 기존의 신뢰를 바탕으로 한 장기계속 거래를 유지해나가는 병존 전략을 구사할 것으로 판단된다. 실제로 닛산도 2005년도부터 실시한 '닛산 밸류 업'에서는 신기술 개발을 위해 부품메이커와의 관계를 강화한다는 계획을 발표한 것을 보면 단순히 코스트 삭감을 위한 오픈화에는 한계가 있음을 실감하였을 것이다.

오픈화와 장기계속 거래의 동시 진행 또한 많은 문제점이 지적되고 있다. 즉 신뢰를 바탕으로 한 장기계속 거래의 애매한 부분에 대해서는 문제가 분출될 가능성을 내포하고 있다는 것이다. 예를 들면 해외 부품업체들 중에 승인도 업체가 증가할 가능성이 있으나 이는 기존의 일본의 승인도 업체와의 지적소유권 문제가 대두될 가능성이 있다는 것이다.

또 일본 부품업체들은 거래상의 문제를 장기적으로 조정해 나가는 경향이 뚜렷하였으나 장기거래를 유지하기 곤란해지면 장기 조정 메커니즘이 작동되지 않아 기존의 거래 방식을 수정할 가능성도 배제할 수 없다는 것이다. 기존의 일본 부품업체들은 제품 개발비를 장기적인 거래를 통해 양산이후에 서서히 회수하였지만 장기거래가 곤란해지면 별도의 가격책정 메커니즘이 필요하다는 것이다.

2. 글로벌 조달의 확대

탈계열화와 더불어 일본기업의 장기계속 거래에 큰 영향을 미치고 있는 것은 '글로벌 조달' 즉 해외 아웃소싱의 확대이다. 우선 글로벌 조달의 의미를 분명히 할 필요가 있다. 글로벌 조달이란 첫째, 부품의 품질·가격·납기가 자사의 요구에 맞으면 전 세계의 어떤 공급업체로부터라도 부품을 산다는 구매전략을 말한다. 따라서 이 전략을 채용하면 조립메이커는 자신이 원하는 부품 중에서 가장 값싼 부품을 조달할 수 있게 되고 따라서 코스트를 삭감할 수 있다. 또한

국내외 어떤 공급업체를 불문하고 부품을 조달할 것을 표명함으로써 기존 공급업체에 대한 코스트 삭감 압력을 강화하는 효과도 있다.

둘째는 전 세계적인 생산거점을 가지고 있는 조립메이커가 거점에 관계없이 세계규모로 공급할 수 있는 공급업체로부터 일괄 조달하는 구매전략의 의미도 있다. 이 전략을 채용하면 거래하는 공급업체가 좁혀지므로 규모의 경제를 살릴 수 있어 생산 코스트를 절감할 수 있게 된다. 또 개발·제조 기간의 단축도 가능해지므로 부품조달을 효율화 할 수도 있다.

최근 일본 대기업 조립메이커들은 해외생산 확대, 조립메이커들의 공동구매 전략 추진, 전자조달의 확대 등의 이유로 글로벌 조달을 확대하고 있다. 일본의 대기업 조립메이커의 해외생산이 최근 들어 급격히 증가하자 국내생산과의 격차가 확대되고 있다. 일본이 국제경쟁력을 자랑하는 자동차의 경우에는 최근 들어 해외생산과 국내생산의 격차가 축소되고 있다.

그러나 부품의 경우 일본국내와 해외와의 인프라나 기술집적도의 차이가 존재하므로 아직은 해외생산을 급속하게 증가시킬 수 없는 상황이지만 조립메이커의 해외생산 확대로 인해 향후에는 부품생산도 현지생산을 확대할 가능성이 높아지고 있다. 조립메이커는 현지에서의 조달비율을 높임으로써 코스트 삭감이나 리드타임을 단축시킬 수 있으므로 현지 조달의 확대가 피할 수 없는 경영과제임에는 틀림없다.

일본기업의 해외생산 확대가 불가피해지자 일본 경제산업성은 국내에서의 하청 합리화를 추진하고 해외에서의 효율적인 조달을 위한 '적정거래 가이드라인'을 제시하고 있다.

[경제산업성이 제시하는 해외진출 시의 적정거래 가이드라인]

2007년 일본 경제산업성은 자동차산업에 있어서 발주업체와 외주업체 간의 바람직한 거래(조달관행)의 가이드라인을 제시하였다. 즉 일본정부는 「성장저력강화전략(成長力底上げ戦略)」의 일환으로 '하청거래의 적정화'를 추진하기 위해 주요 업종별 거래 적정화를 위한 가이드라인을 제시하였다. 자동차산업의 경우 주요 내용으로 ① 공정한 거래로 경쟁력

강화, ② 경쟁법상의 판단기준을 명확히 하여 당사자의 인식 격차 해소, ③ 해외에서의 적정거래 촉진을 제시하고 있다.

또한 일본 완성차메이커의 최근 해외 생산이 급증함에 따라 해외시장에서의 적정 거래를 촉진하기 위해 '해외시장에서의 적정거래 추진을 위한 유의해야 할 3가지 원칙'도 제시하였다.

첫째는 조달관행의 세계 공동화 원칙을 확립하여야 한다는 것이다. 자동차메이커는 일본국내에서의 가이드라인인 '열린 공정·공평한 거래', '조달처와 일체가 된 경쟁력 강화' 등의 조달원칙이 해외에서도 타당하다는 것을 분명히 해야 한다는 것을 강조하고 있다.

둘째는 모니터링 철저의 원칙을 강조하고 있다. 자동차메이커는 해외에서도 가능한 한 일본국내 조달 선에 대해 실시하고 있는 경영지원, 기술지도, 경영상황 파악 등을 동일하게 실시하는 것이 바람직하다고 권고한다. 그 일환으로서 해외에 있어서의 거래 시에 발생하는 애로사항 처리 및 상담 창구 설치가 바람직하다는 것이다.

셋째는 정보제공 철저의 원칙을 들고 있다. 자동차메이커는 해외 진출 시 계획, 발주의 방침 등의 내용에 대해 공급업체에게 정보를 제공하는 것이 바람직하다는 것이다.

3. 모듈화의 진전

1990년대에 들어서면서 장기계속 거래에 영향을 미치고 있는 또 하나의 변화는 부품 모듈화의 진전이다. 그러나 부품 모듈화의 진전은 탈계열화나 글로벌 조달과는 달리 해외 부품기업에 대해 영향을 미치기 보다는 일본 국내 부품기업의 재편에 상당한 영향을 미치는 것으로 보인다. 그러나 해외 부품기업일지라도 모듈화에 대한 능력을 보유하고 있는 기업에 대해서는 일본 대기업들과의 거래 확대의 가능성은 충분히 있다고 생각된다.

1) 모듈화의 의미

최근 일본기업들은 코스트 삭감의 일환으로서 모듈화를 추진하고 있으며 모듈화로 인해 공급업체들은 보다 빠른 단계인 제품개발, 생산의 모듈화에 참여하여 조립업체와의 관계를 강화하고 있다.

모듈화란 조립메이커가 종래보다도 더 큰 단위의 부품을 아웃소싱을 하는 것으로 3가지 종류가 있다. 첫째는 제품 아키텍처의 모듈화(제품개발 단계의 모듈화)이다. 예를 들면 일본기업들이 주로 '큰 단위의 개발 아웃소싱'으로 설계개선 등을 추진하는 경우이다. 둘째는 생산의 모듈화이다. 예를 들면 일본의 공급 기업들은 보다 빠른 단계에 개발에 참여하여 개발력 강화, 개발기간의 단축을 실현하여 보다 큰 단위의 제품제조를 가능하게 하는 경우이다. 셋째는 기업 간의 시스템 모듈화(조달부품의 집성화)이다. 예를 들어 구미기업들이 공급업체로부터 '보다 큰 덩어리의 부품'을 조달하는 방법인 '조달부품의 집성화'를 추진하는 것을 말한다.

2) 모듈화의 대응

부품 모듈화는 개발·생산의 아웃소싱을 확대하므로 부품메이커의 영향력이 확대되는 경향이 있다. 조립메이커는 부품메이커에 대해 부품개발 책임을 대폭 이관하고 모듈 부품에 대한 품질보증책임을 강화할 것이다. 이로 인해 기존의 부품거래 관계, 나아가서는 기업 간의 관계 재편이 이루어질 가능성이 있다. 단지 업종에 따른 모듈화 정도의 차이로 인해 거래 관계의 변화에는 편차가 있는 것도 사실이다. 예를 들면 컴퓨터 업계는 설계의 모듈화가 급속히 진행되는데 비해, 자동차 업계는 생산에 있어서의 모듈화가 진행되고 있는 것이 사실이다.

일본기업들은 빠른 단계에서 모듈화를 추진하므로 참여하는 공급 기업들이 모듈화에 참여하기 위해서는 다음과 같은 조건이 필요하다.

① 인터페이스 구축능력 : 모듈화가 진행되면 지금까지보다 더 큰 단위의 부품이 모듈화 되기 때문에 자사의

부품만으로 완결되지 않는 경우가 발생하므로 스스로 모듈 전체의 구상설계(構想設計)를 통해 다른 부품메이커로부터 부품을 조달하여 조립하는 능력을 키워야 한다. 즉 자사가 전문분야가 아닌 부품과의 인터페이스를 고려하여 제품을 구축하는 능력이 있어야 한다.

② 제품 라인업과 타공급업체와의 네트워크 구축 : 모듈화가 진행되면 이전보다 부품의 덩어리가 커지고 사용하는 부품 수가 많아지기 때문에 타사와의 신속한 대처가 필요하다. 자사에서 생산하지 않는 부품은 타사로부터 조달해야 하므로 우량 공급업체와의 네트워크가 중요해진다는 의미이다.

③ 제품평가능력과 제품보증 능력 : 타사 부품을 평가하여 모듈화에 적합한지를 판단해야 하며, 모듈부품을 납품했을 때 이를 보증해야 한다. 모듈화 이전에는 이를 조립메이커가 수행해왔기 때문에 노하우를 습득하기 위해서는 조립메이커에 인력을 파견하는 등으로 대응할 필요가 있다.

④ 마케팅 : 조립메이커로부터 제안력(提案力)을 인정받기 위해서는 부품업체도 지금까지보다 더 디자인이나 기능에 대해 숙지해야 하며 고객의 니즈를 파악하기 위해 마케팅 기능을 강화할 필요가 있다.

조립메이커가 모듈화를 추진하게 되면 부품업체는 조립업체와의 공동 작업이 더욱 중요해지므로 핵심 부품업체의 경우 조립업체와의 관계는 더욱 긴밀해 질 가능성이 있다. 따라서 조립업체들은 1차 하청업체를 중심으로 모듈화를 추진하고 2차 이하의 하청업체들은 1차 하청업체에 부품을 납품하는 하청의 중층화가 강화될 가능성이 있다.

모듈화로 부품의 복합도가 증가하면 부품메이커는 사내에서 보다 많은 개발 작업을 실시해야 하므로 작업 간의 조정이나 복잡성이 증대한다. 따라서 사내뿐만이 아니라 사외와의 미세 조정(스리아와세)이 증가할 것이다. 특히 모듈부품에 있어서 부품설계의 결정은 개발에 참가하는 기간(基幹)부품메이커간의 역할분담으로 결정되므로 부품메이커로서는 사외기업과의 관계강화, 조정 능력이 수주 능력 강화의 수단이 된다.

　부품메이커에게 필요한 능력은 부품의 시스템적인 기술 획득이다. 시스템적인 기술이란 어느 부품과 통합하면 기능이 향상되는지, 통합화로 생략할 수 있는 소부품은 없는지, 어떻게 통합하면 생산 공정이 삭감되는지 등에 관한 기술력을 말한다. 따라서 부품을 기능적, 구조적으로 결합할 때 핵심이 되는 기술, 예를 들면 새로운 가공기술, 소재기술, 요소기술의 능력을 향상시킬 필요가 있다. 또한 복잡한 제품 설계의 기능적, 구조적 인터페이스를 조정할 능력도 필요하다.

[히로시마(広島) 마쓰다자동차의 모듈화 대응 사례]

　마쓰다는 2002년에 발매한 중형승용차 '아텐서'부터 모듈화를 적극적으로 도입하기 시작하였다. 마쓰다는 우선 모듈화를 '메인 조립라인에 하나의 유니트로서 공급되는 기능통합 혹은 서브 어샘블리된 부품의 집합체'로서 정의하고 모듈부품을 'Sub Assay(반제품으로 조립)형'과 '기능통합형'으로 분류하였다. Sub Assay형 모듈이란 설계의 큰 변경 없이 구성

부품을 어느 정도 조립한 상태를 말하며 모듈화로 인해 메인 라인을 간소화하는 효과가 있다. 실례로는 도어 모듈이 있다. 기능통합형 모듈이란 부품의 설계를 변경함으로서 기능을 통합하고 구조를 간소화한 모듈 부품을 말하며 모듈화를 통한 대폭적인 코스트 삭감이 목표이며 실례로는 라지에타와 콘덴서의 일체화가 있다.

마쓰다의 모듈화의 특징은 부품 수 삭감, 조립공정의 생략, 작업성의 개선, 부품의 경량화를 위해 부품의 구조 일체화를 중시한다는 것이다. 기능의 관점이 아니라 부품 레이아웃 즉 구조의 관점에서 모듈화를 추진하는 것이 큰 특징이다.

마쓰다는 모듈부품의 설계개발, 구매 관리, 품질보증 등을 부품메이커에게 맡기는 경향이 있다. 지금까지도 부품메이커와 공동으로 설계 작업(디자인 인)을 해왔지만, 모듈화 추진 이후는 상품기획이나 기본설계를 확립하는 단계(콘셉트 인)에서부터 공동 작업을 실시하고 있다. 따라서 부품메이커는 엔지니어 기술을 강화하고 품질보증 체제를 구축해야 한다. 2000년부터 FSS(full service supplier)제도를 도입하여 부품메이커와 사전에 합의한 품질이나 코스트 수준에 대해 부품메이커가 책임을 지고 보증하게 하고 있다. 그러나 아직 제품설계에 관한 모듈은 그다지 중시되지 않고 있다.

현장에서 말하는
일본기업의 비즈니스 신뢰

5장

　이상에서는 자료조사 등을 통해 일본기업이 기업 간의 거래 시에 생각하는 신뢰의 실체에 대해 알아보았다. 일본기업들의 거래 관행인 장기계속 거래는 상호 신뢰를 바탕으로 이루어지며 그 배경에는 장기적으로 공존공영 한다는 신뢰가 배경에 깔려 있다는 것을 알았다. 또 이러한 신뢰는 일반적으로 거래를 공정하게 해야 한다는 구미 기업들이 생각하는 신뢰와는 달리 좀 더 깊은 선의의 의지를 가진 신뢰라는 것도 알았다. 일본기업들이 이러한 방식으로 거래를 행하는 것은 이론적으로도 경제 합리성이 있다는 것도 살펴보았다. 일본기업들은 신뢰를 바탕으로 한 장기계속 거래를 함으로써 발주기업과 수주기업 간에 네트워크를 형성하여 질 높은 정보를 공유하게 되고 이것이 제품 개발이나 품질 향상에 크게 기여를 한다는 것이다. 결국 이러한 거래 관행이 일본제품의 국제경쟁력 제고의 원천이며, 특히 기업 간의 수많은 조정을 필요로 하는 스리아와세 제품 생산의 배경이기도 하다는 것이다.

이장에서는 일본기업의 신뢰에 대해 많은 연구 성과를 내고 있는 일본의 두 학자와 인터뷰한 내용을 싣기로 한다. 자료상으로 살펴 본 내용을 인터뷰를 통해 확인해 보는 것이 첫째 목적이며, 둘째는 한국의 중소기업 상황, 한국기업의 일본기업과의 거래 상황에 대한 의견을 구하기 위해서이다.

마지막에서는 한국에서 수년간 비즈니스 경험을 가지고 있는 한국 주재 일본 비즈니스맨과 일본에 주재하고 있는 한국기업의 CEO를 인터뷰하여 위에서 정리한 일본기업의 신뢰에 대한 의견을 확인해 보았다.

[일본 국립대학 교수 A, B氏]

일본의 대기업 조립메이커들은 거래처인 협력업체를 평가할 때 상대방의 ① 능력, ② 전략, ③ 신뢰의 3단계 척도를 가지고 평가하여 협력업체를 구분하고 있다고 생각한다.

① 1단계 : 능력은 주로 개발능력, 생산능력, 납기를 집중적으로 평가한다.
  (주로 일반부품 생산 협력업체이며 거래기업 전체의 약 70% 정도)
  · 생산능력은 생산된 제품의 품질수준이 어느 정도 일정한가를 평가하는 등 품질관리 능력을 가장 중요시한다.
  · 로트 생산 능력에 어느 정도 유연성이 있는가도 중

요시한다.
- 이 범주에 들어가는 하청기업들은 물량을 확보하는 것이 주요 목적이며 이때 기술은 어느 정도 희생한다고 생각한다.

② 2단계 : 전략은 거래처 기업이 자사의 전략에 대해 어느 정도 협조(fit)해 줄 수 있는지를 가지고 판단한다. (스리아와세 제품 협력업체로 전체의 약 20% 정도)
- 2단계 범주에 들어가는 협력업체부터는 발주업체가 생산물량 확보, 투자 등을 실행한다.

③ 3단계 : 신뢰는 개발, 생산 등에 문제가 발생했을 때 협력업체의 대응 방식, 자사에 대해 제안할 수 있는 능력이 어느 정도인지로 평가한다.
(코어 부품을 생산하는 업체로 전체의 약 10% 정도)
- 예를 들면 문제발생 원인을 1주일 이내, 1개월 이내, 장기에 걸쳐 규명해 주는가에 따라 거래처를 구분한다.

따라서 일본기업은 거래처 기업에 대한 신뢰를 가장 중요한 요건으로 생각한다. 후방산업(상류)으로 갈수록 협조성, '긴밀한 관계'를 중시하고 전용시설 등에 대한 대형 투자가 이루어진다.

 일반적으로 일본기업의 해외아웃소싱의 증가는 실력이 취약한 부품업체에게는 위협이지만 실력 있는 부품업체의 경우는 조립메이커와의 결속력을 더욱 강화시키는 계기로 작용할 것으로 본다. '잃어버린 10년' 이전에는 대기업 조립메이커가 하청기업의 품질관리 능력을 육성시키기 위해 많은 노력을 기울였으나 최근에는 조립메이커들이 비용을 들여서 키울 필요가 없다는 생각을 가지기 시작했다. 이제 하청업체들은 스스로 알아서 품질관리 능력을 향상시켜야 될 것이다. 그러나 대기업과 거래하는 부품업체 중 스리아와세 제품이나 코어 부품을 생산하는 협력업체를 중심으로 실력이 있는 약 30%(20%+10%) 정도의 부품메이커는 조립메이커와의 결속력을 더욱 강화할 것으로 판단된다.

 전자산업의 경우는 자동차산업과는 달리 대기업 조립메이

커가 부품을 자체 생산하는 경우가 많기 때문에 하청생산이 그다지 발달하지 않았다. 또한 모듈화의 진전으로 인해 발주↔수주 기업 간에 약간의 변화가 발생하고 있는 것도 사실이다. 조립메이커가 직접 모듈화를 추진하기 보다는 코어 협력업체가 중심이 되어 각 사별로 모듈화를 추진하고 있으나 아직은 'case by case' 단계라 할 수 있다.

일본기업들의 기업 간의 관계에서 신뢰는 단계적으로 구축된다고 생각한다. 사람의 경우는 신뢰가 먼저 있고 이후에 협력하여 능력이 향상되는 프로세스를 가지지만, 비즈니스의 경우에는 상대방의 실력이 먼저 검증된 후 그 다음 단계로 신뢰가 형성되는 것이 일반적이다. 그러나 일본기업들의 거래방식이 반드시 옳다는 뜻은 아니다. 일본기업들은 상대방 기업을 쉽게 신뢰하지 않기 때문에 기회를 상실할 우려가 있으며 장기・계속적 거래로 코스트가 비싸질 우려도 있다. 일례로 일본의 액정소재 필름을 만드는 회사가 한국의 대기업과 거래를 검토할 때 상대방에 대한 신뢰가 없었기 때문에 거래를 하지 않았으나 지금은 상당히 후회를 하고 있다고 한다. 일본기업들은 한두 번 정도의 거래로는 쉽게 신뢰관계를 구축하지 못하고 장기적으로 거래하는 과정에서 상대방 기업의 대응을 보면서 신뢰할 수 있는 기업인지를 판단한다고 생각한다.

한국의 대기업 조립메이커들은 실력 있는 중소기업 부품메이커를 적극 육성해 나가야 한다고 생각한다. 일본도 처음부터 실력 있는 부품 공급업체가 존재했던 것은 아니다. 대기업 조립메이커들이 시간과 노력을 들여 적극 육성한 결과이다. 한국의 대기업 조립메이커들은 부품을 일본으로부터 수입하지 않겠다는 정도의 각오로 부품메이커를 육성하지 않으면 실력 있는 부품메이커가 쉽게 육성되지 않을 것으로 생각한다.

단지 일본은 고도 성장기에 중소기업 부품업체를 집중적으로 육성했다. 초기에는 품질이 다소 떨어지더라도 수요과잉 상태였으므로 상호 노력하여 점진적으로 능력을 높여 나갈 수 있었다. 그러나 지금은 고도성장기가 아니기 때문에 중소기업 육성이 쉽지 않을 것이다. 또한 일본은 당시에 부품을 수입할 마땅한 곳이 없었기 때문에 어떻게 해서든 국내에서 개발을 하려고 노력 하였지만 한국은 품질 좋은 부품을 제공하는 일본이 바로 옆에 있기 때문에 고진감래하여 핵심부품을 개발하겠다는 의지가 약해질 가능성도 있다.

한국의 중소 부품업체들이 과연 대기업 조립메이커와 신뢰를 바탕으로 한 장기계속 거래를 선호하는 지에 대해서는 의문이 간다. 한국의 경영풍토로 판단할 때 한국의 중소기업들은 실력 수준이 높을수록 독립적으로 경영하기를 원하는 것으로 알고 있다.

[종합상사 30년 경력인 한국주재원 C氏]

한국기업들은 우선 일본기업과의 거래 시 제시하는 정보에 대해 신뢰(공정의도에 대한 신뢰)를 구축하는 것이 가장 중요하다고 생각한다. 한국진출 일본기업들이 한국기업이라고 해서 특별히 신뢰하지 않는 것은 아니지만 한국기업이 제공해주는 정보를 신뢰할 수 없는 경우가 가끔 있다. 일본기업이 거래를 개시하고자 할 때는 반드시 신용조사를 하는데 거래 희망 기업이 제시한 정보가 분식회계 등으로 인해 신뢰할 수 없는 경우가 있다. 또한 정보를 전부 제시하지 않고 일부만 제시하여 상대를 정확하게 파악할 수 없어 다음 단계로 진전되지 않는 경우도 가끔 있다. 예를 들면 품질, 환경 등에 관한 ISO 관련 현장을 보아야 계약이 진행됨에도 불구하고 현장을 잘 보여주지 않으려고 하는 경향이 있다. 또 장기거래 시에는 경영자의 특성이 중요하나 이를 파악하기가 쉽지 않는 것도 사실이다.

한일기업 간의 의사결정 구조, 비즈니스 스타일의 차이가 거래의 어려움으로 작용하는 경우도 있다. 일본기업은 보텀업(bottom up) 의사결정 구조이기 때문에 예를 들어 협상 당사자인 과장이 OK를 하면 큰 하자가 없는 한 실행으로 옮겨지는데, 한국기업의 경우에는 톱다운(top down)이기 때문에 협상당사자가 OK하여도 회사에 돌아간 이후에 상황이 번복되는 경우가 허다하다. 한국은 일본과 비교하면 직위의 버블이 심하여 누가 진정한 의사결정자 인지를 판단하기가 쉽지 않아 비즈니스 상에서 오해가 발생하기 쉬운 점이 있다. 톱다운 의사결정 구조를 가진 미국 기업의 경우에도 예를 들면 1억, 10억 등 협상 당사자가 어느 선까지 결정할 수 있는 지 분명하게 하고 있으므로 한국기업들도 미국기업처럼 의사결정 범위를 분명히 할 필요가 있다고 생각한다. 그러나 역으로 한국은 사장이 OK하면 거래가 일사천리로 진행되지만, 일본은 금액이 크면 경영자라 할지라도 사내 조정을 해야 하는 등 시간이 걸리는 것이 일반적이다.

양국기업 간에 납기에 대한 인식의 차이가 존재하는 것도 사실이다. 한국기업은 계약 당시에는 납기, 품질을 맞출 수 있다고 비교적 쉽게 대답하지만 결국에는 이를 지키지 않아 애로를 겪는 경우가 자주 발생하고 있다. 이는 한국 비즈니스맨들이 'about' 감각을 가지고 있기 때문이라고 생각한다. 일본의 비즈니스맨들은 납기를 상당히 소중히 생각하므로 이를 지키려고 상당히 노력한다. 일본 비즈니스맨들은 'just' 감각을 가지고 있다고 생각하다. 그러나 한국의 조선업계의 경우에는 일본기업의 감각을 이해하고 있기 때문에 납기를 정확하게 지키려고 노력하고 있는 것으로 안다.

일본기업은 계약 당시에 여러 가지 주문을 많이 하기 때문에 일반적으로 한국기업들이 당황해하는 경우가 많다. 그러나 초기의 일본기업의 요구를 들어주면 이후에는 거래가 장기적으로 발전하기가 쉽다는 것을 알아야 한다. 한국의 자동차부품업체 중에는 일본기업의 까다로운 요구에 잘 대응하여 지금은 나고야에 지점까지 개설하는 거래로 발전한 사례를 알고 있다. 한국기업은 처음에 요구조건이 많거나 거절당하면 거래를 너무 쉽게 포기하는 경향이 있다. 한국기업은 상대기업의 요구를 만족시켜 계약을 성사시키겠다는 의지가 좀 부족한 것이 아닌가 하는 생각이 든다.

한국기업은 담당자가 자주 바뀌어 거래의 일관성을 유지하기가 쉽지 않다고 한다. 한국기업들은 거래가 성사되고 유지되는 동안 가능하면 담당자를 교체하지 않고 일관성을 유지하도록 배려해야 한다고 생각한다.

[한국 대기업의 일본지사 CEO D氏]

한・일・중 기업의 비즈니스 신뢰도를 순서로 매기자면 ① 일본, ② 한국, ③ 중국 순이라고 생각한다. 일본기업들은 거래처에 대해 신의를 저버리지 않고 장기적 동반자로 생각하는 것이 일반적인 거래 관행이라고 생각한다. 반면에 한국기업들은 단기적 이익이나 효율성을 중시한 나머지 이에 반하면 경우에 따라서는 약속을 지키지 않는 경우도 발생한다. 이 때문에 일본기업들이 한국기업을 신뢰하기 어렵다고 생각할지도 모른다.

일본기업들은 장기적이고 안정적인 거래를 선호한다. 이는 일본기업들이 필요한 때에, 적정한 양을, 적절한 가격에 안정적으로 조달하는 것을 매우 중요하게 생각하기 때문일 것이다. 특히 최종조립 메이커는 장기·안정 거래를 중시하기 때문에 계약 시에는 장기적인 수급 밸런스 등을 고려하여 장기 계약을 체결하는 것이 일반적이다.

일본기업들은 경기 변동에 민감하게 반응하지 않는 거래를 선호하는 듯하다. 장기적인 거래의 경우 호경기나 원재료 가격 상승 시에 제품 가격을 갑자기 올리거나 불황기에 제품가격을 갑자기 인하하지 않고 비교적 점진적으로 가격을 조정하기를 원한다. 호경기의 경우 한국기업들은 가끔 단기적인 이익을 중시한 나머지 기존 거래처에 대한 공급을

줄여 가격이 높은 스폿(spot) 시장을 선호하는 경향을 보이곤 한다.

일본기업들은 어려울 때 도와주는 기업과 신뢰를 저버린 기업을 반드시 기억하고 이에 대한 대처를 한다. 어려울 때 도와주면 이를 잊지 않고 거래처에 도움을 주려고 노력하는 반면, 신뢰를 저버린 기업에 대해서는 아무리 거래 조건이 좋아도 다시 거래를 하지 않는다. 일본기업과의 거래 시에는 이익을 중시한 나머지 자신의 주장만 하기보다는 상대방의 입장을 존중하여 장기적으로 안정적인 거래를 할 수 있는 체제를 구축하는 것이 필요하다고 생각한다.

한국기업들은 일본시장을 쉽게 포기하는 경향이 있다. "길을 가다가 돌이 길을 막고 있으면 돌을 들어내야 하는데 한국기업들은 그 길을 가기를 포기해 버리는 경향이 있다"고 생각한다. 일본시장은 뚫기 어렵지만 뚫리지 않는 시장도 아니라는 것을 알아야 한다. 브랜드력이 없다고 일본시장을 포기할 것이 아니라 반드시 뚫을 수 있다는 각오로 지렛대를 활용하여 들어 올려야 할 것이다. 한국기업들은 노력도

하지 않고 일본시장 개척이 어렵다는 타령만 하고 있다.

　한국은 일본에 비해 물류비용 정도밖에 비교우위가 없으므로 한국기업들은 2억 내수시장을 개척한다는 각오로 일본시장 개척에 힘을 써야 한다. 일본시장은 단기에 승부를 낼 수 있는 시장이 아니므로 "한 20년은 공을 들여야 한다"는 각오로 장기적이고 체계적으로 개척해야 할 것이다.

　지구상에서 그래도 일본기업을 가장 잘 이해할 수 있는 나라는 '한국'이라는 생각을 해야 한다. 한국기업은 일본기업과 가장 유사한 DNA를 가지고 있기 때문에 일본시장 개척에는 세계 어느 나라보다도 한국기업이 유리하다고 생각한다. 같은 DNA를 가지고 있는데 일본기업은 해 내는데 굳이 우리 한국기업이 못해낼 이유가 없다고 생각하므로 처음에는 좀 힘들더라도 꾸준히 노력하면 반드시 성공할 것으로 확신한다. 일본도 최근 전통적인 관행들이 많이 변하고 있기 때문에 한국기업들은 일본에 대한 '더듬이'를 세우고 새로운 움직임을 포착하여 일본시장 개척에 노력해야 할 것이다.

신뢰를 만드는 포인트

1. '신뢰' 문제는 '대기업·중소기업 협력' 문제와 동전의 양면

일본기업이 거래할 때 '신뢰' 문제는 주로 발주기업(대기업)

과 수주기업(중견·중소기업) 간의 협력 문제로 귀착된다. 즉 일반적인 기업 간의 거래 시에는 공정 의도에 대한 신뢰만 있으면 거래 성사에 별다른 문제가 없을 것이다. 그러나 최종재 조립메이커와 부품납품업체 간의 거래를 할 때에는 제품 개발력 향상, 품질 향상이라는 문제가 뒤따른다. 특히 부품의 상당부분을 외주에 의존하는 경우에는 외주 문제가 제품의 경쟁력에 결정적인 역할을 한다. 따라서 일본기업들은 이 문제를 발주기업과 외주기업간의 신뢰를 바탕으로 한 장기계속 거래로 공존공영하면서 해결해 왔으며 이러한 거래 관행이 광범위하게 정착되어 일본 제품의 경쟁력을 향상시켜 왔다고 볼 수 있다. 따라서 일본기업의 거래 시의 신뢰문제는 일본기업의 거래 관행을 규정짓는 핵심 요소이며 일본기업의 경쟁력을 파악하는 키워드라고 할 수 있다.

  일본기업이 기업 간의 거래를 할 때 신뢰를 이해하는 것은 한국기업에 대해 크게 두 가지의 시사점을 제공한다. 첫째는 일본기업과의 거래를 활성화하기 위한 방안으로서 일본기업의 신뢰를 이해할 필요가 있다는 것이다. 둘째는 한국의 대기업·중소기업 간의 협력을 강화하기 위한 시사점을 얻을 수 있다는 점이다. 따라서 본 연구에서는 한국의 소재·부품업체들이 일본의 발주업체와의 거래 시에 일본기업이 생각하는 신뢰를 어떻게 획득할 것인가 하는 문제와 한국의 대기업·중소기업 협력강화를 위해 일본기업으로부터 어떠한 시사점을 얻을 것인가 하는 두 가지 테마에 초점을 맞추어 왔다.

특히 일본의 자동차산업에 있어서의 신뢰에 주안점을 둔 것은 일본은 자동차산업에서 기업 간의 거래가 가장 활발하며 거래 시의 신뢰 문제가 제품의 경쟁력 강화에 결정적인 역할을 하고 있기 때문이다. 전자산업의 경우는 소재·부품을 조립메이커(대기업)가 자체 생산하는 비율이 높아 자동차산업만큼 기업 간 거래가 빈번하지 않은 것이 사실이다.

결국 한국의 전자산업은 일본을 어느 정도 catch up 하였으나 부품의 수가 많은 자동차산업은 아직 일본을 catch up 하지 못한 점이나, 전자산업에서도 핵심 소재·부품을 대일 수입에 의존하고 있는 것은 이들 산업의 경쟁력의 요체가 대기업과 중소기업 간의 협력에 있다는 것을 시사하고 있으며 향후 일본기업을 벤치마킹 하든 독자적인 협력 시스템을 창안해내든 어떠한 형태로든 한국 경제가 해결해야 할 과제임에는 틀림없다.

2. 일본기업은 '관계적 신뢰'를 가장 중시

일본기업은 거래처 기업을 신뢰한다고 할 때 주로 '관계적 신뢰'를 강하게 의식하고 이를 가장 중시하는 것으로 판단된다. '관계적 신뢰'란 거래 상대 기업이 공존공영, 이타주의적 행동, 관계 지속을 할 것이라고 기대하는 신뢰를 말한다. 즉 일본기업은 생산·설계 능력에 대한 신뢰인 기본능력에 대한 신뢰와 계약·약속 준수 및 공평성에 대한 신뢰인 공정의도에 대한 신뢰(합리적 신뢰)는 거래 시에 당연히 갖추어야 하는 신뢰로 간주하고 그 이상의 신뢰인 관계적 신뢰까지도 요구한다는 것을 인식해야 할 것이다.

❙ 신뢰 포인트 ❙

① 국제비즈니스에서 기본능력에 대한 신뢰, 공정의도에 대한 신뢰를 갖추는 것은 기본이므로 한국기업들은 우선 합리적 신뢰를 갖추도록 노력해야 하며, 구미기업들과의 거래 시에는 합리적 신뢰를 갖추는 것만으로 신뢰를 받을 수 있다.

② 일본기업과 거래 시에는 합리적 신뢰는 당연시 하며, 관계적 신뢰까지 갖추어야 비로소 진정한 신뢰를 받는다고 할 수 있으므로 시간이 걸리더라도 관계적 신뢰를 얻을 수 있도록 노력해야 한다.

③ 단지 일본기업들도 외국기업에 대해서는 관계적 신뢰보다도 합리적 신뢰를 우선시할 가능성도 있으므로 일본기업과의 거래 시에는 기본능력에 대한 신뢰 → 공정의도에 대한 신뢰 → 관계적 신뢰를 점진적으로 쌓아가는 단계적인 신뢰 획득 전략이 필요하다.

3. 일본기업은 신뢰를 바탕으로 한 장기·계속 거래가 일반적

　일본기업의 기업 간 거래 시, 특히 발주기업과 수주기업 간의 거래 특징은 신뢰를 바탕으로 한 ① 장기계속 거래, ② 소수업체 간의 경쟁, ③ 일괄 외주 거래를 하는 것이 일반적인 거래 관행이다. '신뢰를 바탕'으로 한다는 것은 상대방을 신뢰하기 때문에 계약 조건을 구체적으로 명기하지 않고 상황에 따라 상호 협의하여 정한다는 의미이며, 그 행동원리는 '자기이익 최대화가 아니라 공동이익 최대화'가 거래 조건 결정의 주요 원리임을 이해해야 한다.

　즉 일본기업들은 ① 한번 거래를 시작하면 5년 정도 이상은 거래를 지속하고, ② 이때 자유경쟁의 장점이 훼손 되는 것을 방지하기 위해 3~4개의 기업에게 서로 경쟁을 시키며, ③ 관리비용을 절감하기 위해 핵심 하청 기업에게 일괄적으로 외주하는 관행이 보편화 되어 있다. 이러한 거래 관행은 이론적으로도 자유 시장의 단점을 보완하는 '조직적 시장'으로서 경제 합리적인 거래방식이라는 분석이 많다. 이러한 일본적 거래 관행이 일본제품의 경쟁력을 강화시키는 주요 요인으로 작용하고 있으며, 특히 기업이나 조직간 협력이 중요한 역할을 하는 미세 조정(스리아와세) 제품의 생산에 지대한 공헌을 하고 있다고 판단된다.

신뢰 포인트

① 일본기업 제품, 특히 부품이나 소재의 경쟁력이 어디에 있는지를 분석하려면 일본기업들의 기업 간의 거래 관계를 분석하는 것이 중요하다.

② 일본으로부터 부품을 수입하고 있거나 자동차산업처럼 일본기업을 따라잡기가 쉽지 않은 산업분야의 한국 대기업들은 일본기업들의 거래를 통해 발생하는 경쟁력의 원천을 심도 있게 분석할 필요가 있으며 이를 통해 얻은 시사점을 협력업체 육성 및 경쟁력 강화에 활용할 수 있을 것이다.

4. 신뢰 거래는 조직학습을 통해 기업능력을 향상

신뢰를 바탕으로 한 장기・계속 거래는 거래기업 간 또는 네트워크 정보공유를 통해 기술개발, 생산혁신, 품질개선, 환경변화에 유연한 대응 등 경영능력을 향상시키는 효과가 있다는 것이 일본기업의 신뢰 문제를 이해하는 키워드이다.

상호 신뢰를 통해 발주기업은 외주기업의 기술 및 생산혁신을 지도하고, 외주기업은 이를 통해 제품개발, 생산문제 등을 해결해 나가는 협력 시스템을 구축하고 있다. 협력시스템은 양 기업만으로 그치지 않고 협력회, 연구회 등의 정기적, 부정기적 네트워크를 형성하여 암묵지를 공유하는 등의 조직학습으로 발전시켜 나가고 있다. 각각의 기업에는 협력을 주도하는 경계연결자(boundary-spnning-manager)가 존재하여 상호연락, 회합 등을 통해 이들이 주도적으로 신뢰관계를 구축해 나가는 것이다. 또한 신뢰 거래가 진전되면 발주기업이 외주기업에게 설비 투자, 임원파견 등 관계특수적인 투자를 하여 기술・인력・자본 결합 등의 끈끈한 관계로 발전해 나간다.

｜ 신뢰 포인트 ｜

① 한국기업들은 일본기업들이 발주기업과 외주기업 간에 어떠한 협력 네트워크를 구축하며 이를 통해 기술개발, 생산혁신, 품질개선 등이 어떻게 이루어지는 지를 구체적으로 파악할 필요가 있을 것이다.

② 한국의 대기업·중소기업 간의 관계에 있어서도 일본기업처럼 발주기업과 수주기업 간의 관계를 더욱 밀접히 하기 위해 발주기업(대기업)의 우수한 인력과 자본, 그리고 경영의 노하우가 수주기업(중견·중소기업)에게 흘러들어 갈 수 있는 인센티브 시스템을 구축해야 할 필요가 있을 것이다.

③ 한국기업들은 일본기업과의 거래 시에는 양자 간의 관계를 돈독히 하여 신뢰를 구축하고, 거래에 관한 각종 정보공유를 촉진할 수 있는 경계연결자(boundary-spanning-manager) 조직 및 인력을 두고 이를 장기적으로 육성해 나가야 할 것이다. 경영자들은 인사, 퇴직 등으로 일본기업과의 경계연결자가 교체되면 신뢰관계의 연속성에 악영향을 끼칠 우려가 있음을 알아

야 한다.

④ 일본기업의 경우 제품개발의 초기난계에서부터 부품업체들을 참여시켜 디자인, 성능 등을 결정하고 이에 의거하여 부품업체에 발주하게 되므로 능력이 있는 한국기업들은 '게스트 엔지니어 제도' 등을 통해 가능한 한 개발단계부터 참여하도록 노력해야 할 것이다.

⑤ 일본기업들은 기본적으로 양산을 전제로 초기단계부터 공급업체를 선정하므로 이를 염두에 두고 일본기업에게 적극적인 제안을 할 필요가 있다.

5. 일본의 대기업·중소기업 협력 관계는 고도 성장기에 구축

일본의 대기업과 중소기업 간의 협력 체제는 대량생산을 통해 상호 이익을 추구할 수 있었던 고도 성장기에 구축된 협력 시스템이다. 기업 간의 거래 시의 신뢰는 에도(江戶)시대의 상인정신에서도 엿볼 수 있으며, 1940년 전후의 전시체제에서 군수물자 확보를 위한 인위적 대기업·중소기업 협력 체제를 도모하기도 하였으나 지금과 같은 협력 시스템이 구축된 것은 고도성장기이다. 고도 성장기에 대기업·중소기업 간의 바탕으로 한 장기·계속 거래가 자리 잡은 이유는 ① 고도 성장기에는 물량확보를 위해 대기업·중소기업 모두 상호 협력하는 것이 경제적으로 유리하였으며, ② 일본정부가 이를 활성화하기 위해 각종 제도를 통해 적극적으로 인센티브를 부여했고, ③ 상호 협력하는 것이 양자에게 경쟁력을 제고시킨다는 인식이 확산 되어 협력의 선순환 과정에 들어갔기 때문으로 보인다.

｜ 신뢰 포인트 ｜

① 한국은 물량을 대량으로 생산해야하는 고도 성장기에 대기업·중소기업 협력시스템을 구축하지 못했기 때문에 고도 성장기가 지난 지금은 상호 협력인센티브가 약하다. 따라서 대기업·중소기업 간의 협력 시스템을 구축하기 위해서는 제도적으로 일본보다도 더 많은 강력한 정책이 추진되어야 협력시스템 구축이

가능할 것으로 판단된다.

② 한국의 산업구조가 일본과 비슷하므로 대기업은 한국의 경쟁력이 취약한(품질, 가격) 소재·부품을 일본에서 수입하기 쉬우나, 대기업 스스로 자체 또는 협력업체를 통해서, 핵심 소재·부품을 생산할 능력을 갖추지 못하면 창의적인 제품 제안력을 갖지 못하게 되고, 결국에는 경쟁력 약화를 초래할 가능성이 있다는 것을 알아야 한다.

③ 중소기업들도 규모가 커지고 기술력이 향상되면 대기업에 의존하기보다 독자적으로 움직이려 하나, 결국 최종제품에서의 소비자의 니즈를 파악하고 이를 기술이나 제품생산에 반영하기 위해서는 대기업과의 유기적인 협력관계를 가지는 것이 유리하다는 것을 알아야 한다.

④ 한국정부도 대기업·중소기업의 실질적인 협력을 위해서는 대기업의 기술, 노하우, 인력, 자금이 중소기업으로 흘러들어갈 수 있도록 기존의 규제를 완화하

> 고 양자에게 협력의 인센티브가 작용하도록 제도적인
> 장치를 마련해야 할 것이다.

6. 일본의 '탈계열화'와 '글로벌 조달'은 신뢰를 획득할 수 있는 기회

  현재 일본에서 진행되고 있는 탈계열화, 글로벌 조달, 모듈화는 한국기업이 일본기업과의 거래를 확대시킬 수 있는 좋은 기회임을 한국기업들은 인식하여야 한다. 일본기업들은 '잃어버린 10년'을 극복하는 과정에서 코스트를 삭감하기 위해 기존의 '계열을 넘어선 거래'가 증가하고, 생산의 국제화로 해외기업으로부터의 조달이 확대시키고 있다. 또한 코스트 삭감을 위해 부품의 모듈화도 추진하고 있다.

  그러나 이러한 변화는 일본기업들 모두가 같은 수준으로 변화하고 있다는 것을 의미하지는 않는다. 단지 이러한 변화는 주로 범용품을 중심으로 변화할 가능성 높으며 미세 조정(스리아와세)이 필요한 부품을 중심으로 핵심 협력업체와의 결속력은 더욱 강화되고 있다는 사실을 이해할 필요가 있다.

┃ 신뢰 포인트 ┃

① 한국기업들은 가격경쟁력이 있는 범용품에 대해서는 일본기업과의 거래를 적극 모색할 필요가 있으며 이때 능력에 대한 신뢰와 공정의도에 대한 신뢰는 기본으로 해야 한다.

② 일본기업으로부터 능력에 대한 신뢰와 공정의도의 신뢰를 획득하고 있고, 제품에 대한 기술력도 축적된 한국기업들은 제품개발 단계에서부터의 참여, 경계연결자의 적극적인 활약 등으로 일본기업의 핵심 네트워크에 참여하고 관계적 신뢰를 구축하도록 노력해야 한다.

③ 기술력이 있는 한국기업들은 일본기업에 대해 모듈화를 적극 제안함으로써 1차 협력업체로 발돋움 할 수 있는 기회를 잡을 수 있으며, 한국의 다른 기업과 협

력하여 보다 부가가치가 높은 제품의 수출로 연계될 수 있도록 노력해야 한다.

④ 한국 정부나 단체들은 일본기업들의 글로벌 아웃소싱 동향이나 거래 시의 유의점 등을 파악하여 한국기업에게 지속적으로 제공해야 할 것이다.

미주

01* 미일구조협의 (日米構造協議)

1989년 7월에 열린 정상회담에서 협의의 개시가 결정되어, 1990년 6월까지 총 5차례에 걸쳐 열렸다. 협의의 목적은 미국이 일본과의 기업 경쟁조건을 개선시킴으로써 양국간의 경제마찰을 해소하고자 함에 있었다. 구체적으로 (1) 공공투자 증액(10년간에 430조엔)에 의한 저축・투자 밸런스 개선, (2) 토지이용촉진을 위한 세제 강화, (3) 일본 국내 유통시스템 개선, (4) 배타적 거래관행 개선 및 계열 거래 감시, (5) 가격차 시정 조치 등을 합의하였다.

02* 스리아와세 (擦り合せ)

미세조정. 본래의 뜻은 교섭시 각자의 정보를 교환, 상호 조정하여 타협점을 찾아내는 것을 의미한다. 기업들이 신뢰를 바탕으로 상호조정을 통해야만 국제경쟁력을 가질 만한 제품을 생산할 수 있는데, 일본에서는 그렇게 만들어진 제품을 '스리아와세' 제품이라고 부르고 있다.

03* 에도시대 (江戸時代)

1603년에 도쿠가와 이에야스(德川家康)가 전국을 통일하여 에도(지금의 도쿄)에 막부(幕府 : 정부)를 설립하였다. 그 후 도쿠가와 일가가 주권을 가져 지배한 시대를 에도시대라고 하여 1867년까지 약 260년 동안 존속하였다.

04* 一見さんお断り

뜨내기 손님 거절. 교토(京都)에서는 고급 음식점(특히 기생이 대접하는 곳)에 처음 식사하러 갈 때는 반드시 단골 손님의 소개가 필요하다. 이찌겐(一見)은 처음 만난다는 뜻이며 어쩌다가 그러한 음식점에 들어가도 손님으로 받아주지 않는 관습을 의미한다.

05*	제판동맹	제조업체와 판매업체가 제휴를 통해 상품을 공동기획, 개발, 생산하는 것을 말한다.
06*	나카마 거래 (仲間取引)	동일 단계에 있는 도매상 간의 거래 즉 가격 변동이 심한 상품의 수급조정 혹은 위험 분산을 위해 이루어지는 거래를 말한다.
07*	오타쿠(大田区)	도쿄의 행정구역의 하나로 중소기업이 밀집되어있다. 시즈오카현 하마마쓰市, 오사카의 히가시오사카市와 더불어 일본의 3대 중소기업집적단지로 불리고있다.
08*	죄수의 딜레마	경제학, 정치학에서 게임 이론의 유명한 사례로 다루어져 있으며 협력을 통해 서로 이익이 되는 상황이 아닌 더욱 불리한 상황을 선택하는 상황을 보여주고 있다. 예를 들어, A와 B 양국이 모두 핵개발을 중지하면 평화가 유지됨에도 불구하고 상대국이 배신하여 핵개발을 언제 시작할지 모른다는 공포심에 못 이겨 서로 핵개발을 시작하게 되는 상황이나 C와 D 모두 가격 경쟁을 하지 않으면 이익이 유지됨에도 불구하고 상대기업이 가격 인하를 할지 모른다는 불안감 때문에 상방이 가격경쟁을 벌여 함께 망하는 상황을 말한다.
09*	협력회	대기업과 거래관계에 있는 외주업체로 조직되는 단체. 일본자동차업계 경우, 뛰어난 기술력을 가진 유수의 부품메이커를 '협력회'라는 타이틀로 완성차 메이커의 입맛에 맞게 조직화해 매출이익의 극대화를 이룩해왔다.
10*	近江(오미) 상인	현재의 시가현(滋賀県)출신의 상인을 이름. 에도시대 이래 많은 성공자를 배출하였다.

11*	아자부상 (麻布商)	마포(삼베)를 취급하던 상인
12*	나카무라지헤에소우칸 (中村治兵衛崇岸)	마포(삼베)제조/판매로 2백여년간 번창한 나카무라지헤에(中村治兵衛)가문의 4대손.
13*	니노미야 손토쿠 (二宮尊德)	1787.9.4-1856.11.17 .일본 에도시대 후기의 농정가・사상가. 보덕사상(報德思想/사리사욕을 버리고 사회에 공헌하면 언젠가 자신에게 환원되어 온다는 사상)을 제창하였고, 농촌부흥정책을 지도하였다.
14*	석문심학 (石門心学)	에도시대 중기에 발전된 서민교육 사상이며 유고, 불교, 신도를 융합시켜 평이한 도화로 도덕 실천을 논한 것이다. 이시다 바이간(石田梅巖)이 시조로 전국에 보급된 사상이기 때문에 석문심학(石門心学)이라고 부른다.
15*	まとめてまかせる	일괄발주. 공기 단축과 비용절감을 위해 시도하는 방법이다.

참고문헌

浅沼万里『日本におけるメ-カ-とサプライヤ-との関係：関係の諸類型とサプライヤ-の発展を促すメカニズム』

稲水伸行等(2007)『〈日本の産業集積〉論と発注側の商慣行』東京大学ものづくり経営研究センター

植田浩史(2005)『現代日本企業1 企業間関係：サプライヤ-システム』有斐閣

経済産業省(2007)『自動車産業適正取引ガイドライン』

香西泰等(1996)『日本経済事典』日本経済新聞社

佐藤綈二郎(1996)『売って悦び売って喜ぶ』アコム社内報

渋谷寛(2000)『流通取引におけるパワーと信頼：従来の信頼研究の限界と再考』research paper

清水龍宝(1991)『「信頼」(Creditability)取引の哲学：日本人の経済取引に内在するもの』三田商学研究 34巻1号

豊田健(2003)『日系自動車サプライヤ-の完成車メ-カ-との部品取引から見た今後の展望』開発金融研究所

藤本隆宏(2004)『能力構築戦争：日本の自動車産業はなぜ強いのか』中公新書

真鍋誠司(2002)『企業間信頼の構築：トヨタのケース』research paper

目代武史(2004)『広島地域における自動車部品モジュール化の動向と地場部品メ-カ-の対応』

若林直樹(2006)『日本企業のネットワークと信頼：企業間関係の新しい経済社会学的分析』有斐閣

이우광 李佑光 serilwk@seri.org

중앙대학교 정경대학 통계학과 졸업
일본 동경대학대학원 경세학연구과 박사과정 수료
삼성경제연구소 일본연구팀장, 일본연구실장, 해외연구실장
삼성경제연구소 일본어 사이트 www.SERIJapan.org 총괄

연구실적 및 논문
日中韓3ケ国の競争力比較共同研究(電気電子), 日本経済研究センター(2004)
日中韓・ASEAN広域協力とFTAの可能性, 日本経済研究センター(2005)
現代日本企業(韓日のコーポレート・ガバナンス), 有斐閣(2006)
「웹進化論」1・2, 우메다모치오著 번역, 도서출판 제인(2008)

일본시장 진출의 성공비결,
비즈니스 신뢰

초판인쇄 2008년 9월 22일
초판발행 2008년 9월 30일

기획 KJCF (재)한일산업·기술협력재단
저자 이우광
발행 제이앤씨
등록 제7-270호

주소 서울시 도봉구 창동 624-1 현대홈시티 102-1206
전화 (02) 992 / 3253
팩스 (02) 991 / 1285
전자우편 jncbook@hanmail.net
홈페이지 http://www.jncbook.co.kr
책임편집 조성희

ⓒ KJCF (재)한일산업·기술협력재단 2008 All rights reserved. Printed in KOREA

ISBN 978-89-5668-649-3 03830   정가 7,000원

* 이 책의 내용을 사전 허가없이 전재하거나 복제할 경우 법적인 제재를 받게 됨을 알려드립니다.
** 잘못된 책은 구입하신 서점이나 본사에서 교환해 드립니다.